너의
길이
보여

박미련 수필집

너의
길이
보여

초판 1쇄 발행 2023년 3월 10일

지은이 박미련
펴낸이 이상규
편   집 김윤정
펴낸곳 에세이문학출판부

출판등록 2006년 9월 4일 제2006-000121호
주소 03134 서울시 종로구 돈화문로 10길 9, 405호(봉익동, 온녕빌딩)
전화 02-747-3508・3509 팩스 02-3675-4528
이메일 essaypark@hanmail.net

ⓒ 2023 박미련
값 15,000원
ISBN 979-11-90629-30-0 03810

후원

*이 책은 세종특별자치시와 세종시문화재단의 후원으로 발간되었습니다.
*저자와의 합의하에 인지는 생략합니다.
*잘못된 책은 바꿔드립니다.

너의 **길**이 보여

박미련 수필집

에세이문학출판부

◨ 책을 내면서

　예술은 무형의 실체를 유형화시키는 작업이라 생각합니다. 음악과 그림이 그러하고 문학이 그러합니다. 보이지 않지만 막강한 힘으로 우리의 삶을 지배하는 무형의 실체를 여러 단서를 모아 쉽게 해석해보고자 노력했습니다.

　수필에 마음을 빼앗긴 지 십수 년이 지났지만 이제 겨우 걸음마를 뗍니다. 흩어진 글을 모아 회생의 절차를 밟으면서 참으로 행복했습니다. 버려둔 사유의 조각들에 호흡을 불어넣으며 스스로 서늘한 시간을 가지기도 했습니다. 더불어 나의 삶도 단단해짐을 느낍니다.

　이제 글은 내 곁을 떠났습니다. 오롯한 이름을 달고 세상으로 나아갑니다. 부디 누군가에게 선한 영향력으로 오래 살아남기를 희망합니다.

　변함없이 믿어주고 작품마다 일등 독자가 되어준 남편과 딸 아들, 고맙습니다. 선뜻 표지 그림을 쾌척해준 진유정 님, 감사합니다. 응원해준 모든 분께 감사드립니다.

2023년 봄 소담벌에서
박미련

■ 차례

책을 내면서 4

1. 너의 길이 보여

　유리 벽 10 | 틈 16
　어긋난 인연 21 | 말 말 말 25
　권태 30 | 낯선 도시 36
　기류 40 | 너의 길 45
　오늘이 내일에게 50 | 향이 스미다 54
　세월을 읽다 59

2. 삶을 끌어안다 1

　묵은 발톱 66 | 애호박 71
　기울다 77 | 분홍 가락지 82
　가을 속으로 88 | 새벽길 93
　품위 있는 여인 98 | 그곳에는 104
　느리게 걷기 110 | 초승달 닮은 남자 115
　화양연화 119

3. 삶을 끌어안다 2

　미연이와 미련이　126　|　젊은 날의 초상　131
　오십에 길을 잃다　136　|　또 다른 주인　141
　야야, 밥 묻나　146　|　아줌마 커피와 원두커피　151
　묵은지　157　|　나를 바라보다　162
　서쪽 언덕　168　|　가시　174
　자장가 연가　179

4. 세상을 읽다

　요즘 사랑　186　|　채식주의자의 꿈　191
　아버지의 사하라　196　|　끝없는 질문　202
　그림자의 힘　207　|　마스크 소동　213
　586　218　|　회색 도시　224
　바람의 길　229　|　어떤 여행　234

5. COVID-19

　민낯　242　|　오랑 시민들이 오페라 관람하듯　248
　다시 델타　253　|　코로나가 고마워요　257
　거리　262

1. 너의 길이 보여

유리 벽 | 틈
어긋난 인연 | 말 말 말
권태 | 낯선 도시
기류 | 너의 길
오늘이 내일에게 | 향이 스미다
세월을 읽다

유리 벽

찌걱찌걱 덜커덩 쿵. 얼른 이곳을 빠져나가야 한다. 열림 버튼을 찾아 손이 내달리는데 찾을 수가 없다. 가슴에 펌프질이 가팔라지는 걸 느끼면서 비상벨을 찾는다. 역시 대답이 없다. 두려움이 밀려온다. 뒷걸음질 치며 벽을 더듬는다. 엉덩이에 걸려든 차가운 철제 벽을 확인하고 토하듯 짧게 숨을 뱉는다. 손을 뻗으니 생명줄 같은 막대 봉이 가로 누워 있다. 난간을 하도 세게 붙잡아 힘줄이 불끈거린다. 엉거주춤한 자세로 겨우 버티고 섰는데 지각변동은 여전하다. 승강기가 덜컹거릴 때마다 숨이 멎을 것 같다. "누구 없어요?" 목청껏 외쳤으나 아무런 인기척이 없다.

사람들로 둘러친 아파트 한복판, 무원의 공간에 갇혀버렸다. 완벽한 고립. 얼마든지 이런 상황에 내몰릴 수 있었는데 무슨 배짱으로 승강기 타고 내리기를 동네 마실 다니듯 했을까. 수

많은 연결고리 중 하나라도 삐끗하면 오작동하거나 멈춰 서 버리는데, 이 엄연한 사실을 외면해왔다는 게 놀랍다. 보란 듯이 사각의 링에 유폐되었다. 덜컹거리는 승강기, 작동하지 않는 내부, 기척 없는 비상벨….

시간의 정의를 새로 써야 할 만큼 몇 초가 수년 같다. 찌걱찌걱 뻑뻑, 반시간 정도 지났을 즈음 밖에서 인기척이 난다. 탁한 소리 몇 개가 겹쳐 들린다. 전날의 피로가 묻어나는 목소리지만 천상의 소리 같다. 그러고도 한동안 쩍쩍 불협화음이 계속되더니 철컥 문이 열렸다. 살았다. 신의 손이 이처럼 따뜻할까. 구원자의 권위는 초라한 작업복을 뚫고 나를 향해 도도하게 다가왔다.

승강기가 다시 활기를 찾는다. 모두를 품을 듯이 하마 입을 하고 사람들을 불러들인다. 하나둘 모여든 사람들은 아무 일 없다는 듯 타고 내리기를 반복한다. 승강기는 잠시 절룩거리다가 상처 하나 없이 돌아와 하던 일을 계속한다.

나도 고립무원에서 사투를 벌이다가 세상 품에 안겼다. 성급한 봄 햇살이 아파트 벽에 기댄 산수유를 들깨우고 있다. 주변이 갑자기 일시 정지 화면을 거쳐 새로운 화면으로 이어지는 듯하다. 조금 전만 해도 지옥이었는데 새뜻한 공기가 나를 반긴다.

그러나 지나는 사람의 활기찬 걸음이 낯설다. 천진한 천국이 그림처럼 진열되어 있을 뿐 생기가 없다. 빼빽한 거리, 오가는 사람들마다 서로를 정물화 보듯 하며 스쳐갈 뿐이다. 여러 시선이 지나는데 나 또한 투명 인간처럼 그들의 눈 밖에 있다.

승강기를 빠져나오면서 살았다 긴 한숨을 쉬었는데 다시 투명한 유리 벽이다. 손을 뻗어도 손끝이 닿기도 전에 잘려 나가고 없다. 소리는 밤바다에 묻히고 미처 퍼지지 못한 소리는 되돌아와 휑한 가슴을 쓱 베고 지난다. 날은 저무는데 집에 닿지 못하고 여전히 승강기에 갇힌 듯 숨이 가쁘다. 하늘을 올려다보며 참았던 숨을 몰아쉰다. 장소만 옮겨왔을 뿐 가는 곳마다 유리 벽이 성처럼 서 있다.

서둘러 집을 향한다. 따뜻한 불빛이 나를 안아주겠지. 낯익은 이들이 백색의 시간을 나른하게 즐기고 있을 거다. 익숙한 시선이 쓰윽 나를 스칠 테지. 그러면 또 나는 원래 자리로 돌아온 안도감으로 그들 속으로 스며들겠지. 같은 공간에 있어도 서로에게 무심한 하루가 낯설지 않은 일상으로의 복귀. 물 만난 솜처럼 아주 빠르고 자연스럽게 내 자리를 찾아갈 거다. 때로는 내리막길을 걷고 있는 이웃 보기가 불편할 때도 있지만 세련되게 스쳐 지나는 법도 안다. 내가 행복해야 주변이 행복하다 믿으며 나의 안락한 하루에 집중하면 그만이다. 타인을 배려한 일과표가 고장 난 양심처럼 구겨져 있어도 감각이 없다.

다음 날, 식구들이 썰물처럼 빠져나가고 다시 혼자다. 어제의 공포에서 아직 빠져나오지 못했나 보다. 홀로 남으니 다시 불안하여 안전한 공간임을 확인하고 싶다. 미처 치우지 못한 너저분한 식탁, 여기저기 널려 있는 그릇을 주섬주섬 모아 설거지를 한다. 일상이 뜨거운 물줄기로 쏟아지니 쉴 새 없이 나대던 심장도 제자리를 찾는다. 여전함을 확인시켜주는 일상의 수레바퀴가 불안을 잠재우는 명약이 된다.

그래도 누군가에게 그간의 일을 털어놓고 싶다. 잊고 지내던 친구를 불러볼까. 그러나 하나같이 거리가 멀어 만나기 쉽지 않은 곳에 있다. 안타깝지만 목소리라도. 핸드폰을 누르려는데 바쁠 것 같은 그의 일상이 제동을 건다. 또 다른 친구를 생각한다. 소식 전한 지가 오래되어 안부를 묻다가 끝날 거 같다. 변죽만 울리다 말 전화는 부담이다. 혹 본론으로 들어가도 좋을 친구를 찾아본다. 거짓말처럼 떠오르는 이름이 없다. 높은 담벼락만 확인하고 마음을 거둔다. 가슴을 열고, 허벅지게 엉기고 싶은데 여기도 유리 벽이다. 생각하는 곳마다 우후죽순 솟아 있는 유리 벽 세상이다. 평탄한 길조차 아슴아슴하여 자주 길을 잃곤 하였는데 곳곳에 버티고 선 유리 벽 때문이 아닌가.

 누구를 탓하랴. 몇 년을 살았어도 옆집에 사는 이웃에게 관심이 없었다. 다정하게 말을 걸어본 기억이 없다. 어쩌다 같이 승강기를 타면 어색한 눈인사로 순간의 불편함을 모면하려 했을 뿐이다. 이웃이 사촌이라니, 옛말을 기대하지 않았다. 내가 입을 상처가 겁나 먼저 울타리를 치기에 바빴다. 줄 것도 받을 것도 없는 깔끔한 관계를 지향했다. 남아도는 인심을 쟁일 곳간을 마련하는 것도 성가신 일이라 생각했다. 그러나 달랑거리는 밑천 때문에 가파른 길목에서 늘 허기가 졌던 것 같다.

 그래서 목젖까지 차오르는 여러 역할을 감당하다 보니 스스로 슈퍼맨이 되어야 했고 하루해를 넘기기도 버거웠다. 해결해야 할 일거리가 정량을 벗어나면 우왕좌왕 방향을 잃고 혼자 애쓰다 안 되면 풀이 죽곤 했다. 누구로부터 위로받고 다시 시작하는 호사는 복권에 당첨되는 것만큼이나 어려운 일이라서 미리 단념해버렸다.

 나의 하루도 열흘이 되고 일 년을 넘어 생의 후반부에 서 있다. 오늘 하루 무심히 살아도 인심은 그대로 찰랑댈 줄 알았다. 시작보다 끝이 가까운 지점에 서서 한 줌 뚝 떼어 들여다보니 이제야 선명하다. 어제의 그것이 아니다. 꾹 다문 입, 살아남기 위해 도사리는 눈, 더 절박한 안쓰러운 얼굴이 낯설게 나를 응시하고 있다.

　유리 벽의 실체는 그 누구도 아닌 나 자신임을 고백한다. 스스로 걸어 들어가 유리 벽이 된 슬픈 실존. 그나마 박차고 나올 용기 또한 내 안에 있으니 다행한 일인가.

틈

 그녀는 지하 깊은 곳에 갇혀 있다. 지상의 것들은 찾아볼 수 없는 어두운 곳에서 그림자처럼 산다. 햇살은 잊은 지 오래다. 아무리 태양을 떠올려도 눅눅하던 몸은 좀체 마르지 않는다. 절망하고 사는데 어디선가 빛이 칼날같이 스며든다. 눈이 부셔 바라볼 수가 없다. 실눈을 뜨고 다시 응시한다. 지상을 잇는 바늘 같은 틈새로 햇살이 소나기처럼 내린다.
 자주 상상하는 이미지다. 길이 막혀 앞이 막막할 때 틈새로 쏟아지는 한 줄기 빛은 어제의 보상이고 오늘을 버티게 하는 힘이다. 틈이 주는 위안은 통창으로 푸지게 쏟아지는 태양의 열기와는 비교되지 않는다. 얕은 틈을 비집고 들어온 한 줄기 햇살이 통창의 열기를 거뜬히 이기고도 남음이 있다. 없는 가운데 얻은 하나는 흔한 열 개보다 귀하고 강하다. 많고 적음은 상대의 수용 여부에 따라 운명이 결정되기에, 숫자의 절대

성이 무참히 깨지는 순간이 아닐 수 없다.

 틈이 주는 위안이 이리도 큰데 여전히 틈에 인색했다. 조금의 틈이라도 보이면 가리고 메우기에 바빴다. 틈에 기생하는 허물을 보이고 싶지 않았기 때문이다.

 그런데 남편은 첫 만남부터 틈을 자연스럽게 드러내었다. 빈틈이 흠으로 비춰도 상관없다는 듯 자유로웠다. 어눌한 말투, 한쪽으로 기울어진 슈트와 성근 신발 끈이 그의 성격을 말해주었다. 안전을 위해 절댓값을 찾아 헤매는 연구자로 보이지 않았다. 틈새를 비집고 다가가 손목을 덮은 소매를 걷어 올려주고 싶었다. 그의 헐거움이 낯선 이에게 겨누던 나의 날을 무디게 했다. 틈은 흠이 아니라 단단한 자신감으로 보였고 외부인에게 가로놓인 마음의 벽을 허물어주었다.

 일 년간의 연애 끝에 우리는 하나가 되었다. 한 가지 답만 있는 게 아님을 처음부터 안 사람처럼 남편은 유연했다. 걸핏하면 열쇠를 잊고 들어와도 당황하지 않았다. 되짚어가면서 찾아내는 과정을 즐거워했다. 현무암 담벼락처럼 허술한 그의 하루가 자연스럽게 굽이치는 삶의 지문 같아 편안했다. 그를 보고 있으면 서투른 나의 하루도 안심이 되었다.

 옳다고 생각되는 일에는 참지 못하고 핏대를 세우는 성급함은 의외였다. 자기 생각에 집중하느라 서툴고 거칠어져 많은 오해를 불러오기도 했다. 모난 세상에 이리저리 부딪기도 잘하지만 계산할 줄 모르는 순수함도 틈이 많아서 지키는 듯했다. 간혹 그가 가진 틈 때문에 곤경에 빠지곤 하는데, 그럴 때마다 곁에서 손발이 되어주고 싶었다. 그의 틈이 그와 나 사이의 틈을 메워주었다.

오래전, 뉴질랜드행도 틈이 많은 그이라서 결단할 수 있었다. 현실이 버거워 숨이 차 헐떡일 때 남편은 외국행을 제안했다. 아이 교육을 핑계로 현실을 벗어나길 바랐다.

일상의 수레바퀴가 점점 덩치를 불려 달려오는 듯했다. 방향 없이 거대한 물살에 떠밀리는 기분이었다. 구르는 바퀴를 멈춰 세우려면 대단한 용기가 필요했다. 앞지르는 그들과 점점 벌어질 간극을 초연하게 바라볼 수 있어야 했다. 지금까지 들인 그만큼의 시간과 이탈한 후에 다가올 후폭풍을 각오해야 했다. 아이들의 미래가 걸린 문제라 소심해질 수밖에 없었다. 그냥 지나쳐 가기도, 그렇다고 멈춰서기도 난처한 순간에 남편의 결단은 실마리가 되었다.

지금 생각해도 적절한 때에 틈을 선물한 그가 고맙다. 그곳에서는 줄곧 아이들과 함께했다. 아이들이 학교에 가면 나머지는 오롯한 내 시간이었다. 낯선 곳에 서니 자신이 더 잘 보였다. 저무는 하루가 아까워 햇살을 받으며 종일 테라스에서

뭉그적거렸다. 나목에 붙어 있는 삭정이가 힘줄 좋은 여름 포도 넝쿨이 되는 것을 보면서 내 안에 숨어 있는 생명력을 포도나무처럼 끌어내고 싶었다. 포도나무는 그 후로도 쑥쑥 자랐다. 죽은 듯 살다가도 틈에 본 포도 넝쿨을 떠올리면 신기하게 힘이 솟았다. 멈춘 듯하나 멈추지 않았고 어느 때보다 지혜롭게 바삐 가고 있었던 지점이다. 아직도 그때를 떠올리며 잠시 쉬어가기도 하니 틈을 제대로 누린 게 맞다. 그냥 두면 전진밖에 모르는 삶의 수레바퀴를 잠시 멈춰 세운 시간. 자주 뒤돌아보아도 불안하지 않은 유예의 구간이다. 틈은 빈 것이 아니라 자연 상태처럼 애초에 있어야 하는 것이다.

 지난겨울 아들의 성화에 못 이겨 남편과 함께 달리기에 도전했다. '런데이'라는 프로그램에 따라 걷고 달리는 훈련이다. 8주 만에 30분 내내 쉬지 않고 달리는 힘을 기르는 것이 목표다. 오래간만에 뛰려니 1분간 이어달리기도 힘에 부쳤다. 처음엔 1분 뛰고 2분을 쉰다. 점점 뛰는 시간이 늘고 걷는 시간이 줄어든다. 마법처럼 틈을 통하여 목표에 도달하게 하는 프로그램에 감탄사가 절로 나왔다.

 틈의 소중함이 깊숙이 다가왔다. 뛰는 동안 걸을 순간을 손꼽아 기다리고 있는 거다. 틈에 맛보는 짜릿한 성취감과 온전한 평화. 틈은 달리게 하는 힘이요 희망이라는 걸 새삼 느꼈다. 걷는 틈에 보니 달려온 좀 전이 뿌듯하고 걷고 있는 이 순간이 달려갈 다음번에 힘을 주는 것이 아닌가. 틈이 있어 이어 달릴 수 있었다. 틈은 완전한 것에 기생하는 어떤 것이 아니라 필수불가결한 독립된 가치라는 생각이 들었다.

완벽을 꿈꾸는 사람이 위험한 이유를 생각한다. 잘못 디디면 떨어지고 마는 아슬아슬한 상태를 즐기기라도 하듯 팽팽한 고무줄 위에 서서 곡예하듯 생을 산다. 승모근이 올라가고 미간은 좁아 든다. 응시하는 눈동자에 영혼은 이미 탈출하고 없다. 한곳에 붙박은 시선은 얼어붙어 초점을 잃었다. 숨길을 막아섰으니 언제 끝날지 모르는 단말마 생이다. 완벽은 팽팽한 고무줄처럼 빈틈을 허용하지 않는다. 스스로 만족스러울지 모르나 보는 이는 숨이 차 피하고 싶을 뿐이다.

아파트 건물 틈으로 저녁 해가 걸렸다. 선이 뚜렷한 무광의 붉은 달이다. 갈망하던 그것이 아닌가. 화려한 퇴장이 두렵지 않은 순정한 시간으로 내게 온다. 충만한 내일이 오늘이라는 틈새에 주렁주렁 걸렸다.

어긋난 인연

 모처럼 임이 올 조짐이다. 하루를 살뜰히 꾸려온 의식을 시작도 출구도 없는 혼곤한 지점으로 데려간다. 일상의 파닥임이 한데 섞여 기억 너머로 툭 떨어진다. 파랑 일던 잔물결이 수평선에 몸을 맡기는 지점. 끝도 없는 그곳은 텅 비었으되 몸을 감싸는 무언가가 다시 꽉 차오른다. 그에게 푹 빠졌다.

 숱한 세월을 뒤로하고 이제 와 새삼 짝사랑이라니. 젊어서는 괄시하고 밀어내기 바빴는데 뒤늦게 비위 맞추느라 기진맥진이다. 밤 11시 30분 즈음이 그가 오는 시간이다. 세상일에 쫓겨 마중이 늦은 날에는 쌀쌀하기 그지없다. 그날은 그를 볼 생각일랑 접어야 한다. 자신에게 엄격한 일관성은 상대에게도 차갑고 깊다. 정한 시간을 어겼을 땐 눈길 한번 주지 않아 온 밤을 뜬눈으로 지새워야 한다. 그를 만나야 내일을 기약하는

데 도리가 없다. 에너지는 바닥나고 몸은 소리 없이 얻어맞아 만신창이가 된다.

그럴 때면 달콤하게 속삭이던 그 시절을 습관처럼 떠올린다. 참으로 열렬했다. 그는 무시로 찾아와 까무룩 현실을 막아섰다. 평생을 해야 할 일인데 잠시 쉬어간들 어떠냐고 에너지 충전을 핑계 삼아 은밀히 꼬드겼다. 하긴 몸이 먼저 밖을 향해 내달리던 시절이었다. 친구의 작고 소박한 행동에도 크게 반응하느라 충전하기 바쁘게 소진하던 에너지였다. 책상 앞에 꼼짝없이 잡혀 있을 때는 더 강력한 힘이 필요했다. 논리를 앞세운 그의 유혹은 나를 쉽게 굴복시켰다.

그는 밤 열한 시를 넘기기 전에 스르륵 의식의 문을 닫아걸었다. 풀어야 할 수학 문제가 널렸고 외워야 할 과목이 산더미인데 몸의 주인은 이미 내가 아니다. 지금은 그의 시간이라며 당당하게 주인 행세다. 눈앞에는 정열의 장미 향이 파고를 친다. 무의식의 세계까지 지배당한 난 꼼짝없는 그의 포로다. 끝도 없이 밀려오는 잠의 나락이다.

동녘으로 해가 고개를 내밀 때까지 뜨겁게 밀회를 나눴다. 배설의 쾌감도 잊고 갈증도 참을 만큼 그에게 빠져들었다. 그래도 이건 아닌데 하는 생각이 무시로 무의식을 자극했다. 의식의 저편에서 그를 상대로 힘겹게 싸웠다. 안간힘으로 박차고 일어나 보면 여전히 책과 씨름 중인 룸메이트. 그를 버려두고도 아무렇지 않은 채 제 일에 몰두하는 친구가 낯설었다. 밤마다 혼절하는 나와는 달리 대나무처럼 꼿꼿한 친구가 부럽기만 했다.

그때의 잠은 불청객일 뿐이었다. 마음만 앞서서 시도 때도 없이 들이대는 서투른 연인이었다. 짧고 굵게 왔다가 미련 없이 퇴장하길 바랐건만 허리 감고 놀아 달라고 보채기만 했다. 아이를 키울 때도 그랬다. 시간은 잡는 족족 돈인데, 시간을 붙들 수 있다면 도둑질이라도 할 판인데 잠은 금쪽같은 내 시간을 대놓고 훔쳐갔다.

둘째 아이가 학교에 들어가면서 아침 시간은 전쟁이었다. 챙겨야 할 준비물을 미처 챙기지 못한 날이면 남들보다 더 일찍 움직여야 한다. 전날의 피로가 풀리기도 전에 아침이 밝아왔다. 잠은 하루를 살아낼 에너지 보급원인데 나의 저장소에는 저질의 에너지만 가득 찬 느낌이었다. 시간만 축냈지 아직도 부족하냐며 잠이 보내주지 않는 거다. 완충하지 못한 채로 질질 끌려 나오면 머리는 지끈지끈 불쾌한 하루를 살아야 했다. 품질 나쁜 배터리를 원망하며 힘겹게 하루를 버텼다.

훼방꾼 잠 때문에 자학도 많이 했다. 잠은 부족한 의지 뒤에 숨어 자신을 얕보았다. 남들보다 늦은 출발과 낮은 결과를

순전히 의지의 문제로 해석했다. 늘 허약한 마음가짐이 말썽이라 부추겼다.

그러던 그가 하루아침에 안면을 바꾼 거다. 가라고 소리칠 때는 집요하게 붙들어 놓아주지 않더니 이제는 함께 즐기자 애타게 불러도 쉽게 얼굴을 보여주지 않는다. 내 시간을 점령했던 아이들도 독립했고 쫓기던 일터에서도 밀려나 놀아줄 상대가 절실한 때에, 손만 뻗으면 쪼르륵 달려오던 그가 나쁜 남자 콘셉트라니. 어린 왕자처럼 해맑은 얼굴로 무시로 까무러치게 하던 너였는데.

이래저래 애태우긴 마찬가지다. 일방적이기만 하던 서투른 연인이다가 이젠 짝사랑의 그대, 어긋난 인연이 아닐 수 없다. 엇박자 열정이라고 조롱 말고 부디 자주 들르게 그려. 끓어오르는 정열의 장미 향은 아니어도 바람결에 풀잎 부딪는 소리로 너를 맞으마. 120수 면보에 곱게 뉘고 새벽이 이울도록 놓아주지 않을 참이야. 그러면 까무룩 세상 시름 하얗게 잊히지 싶은데. 시나브로 흐린 날도 말갛게 보는 내공이 차곡차곡 쌓일 것 같은데 말이지.

말 말 말

 평생 쓸 수 있는 말의 양이 정해져 있는가. 못다 하고 가면 억울해 죽을 양으로 뒤늦게 그녀의 입은 바빠졌다. 굳게 다문 놀부의 곳간 같았던 그녀 입. 들려오는 소문에 일일이 대꾸했다면 지레 지쳐 나가떨어졌을지도 모른다. 참고 또 참아 오늘에 이른 입은 부화가 더딘 병아리처럼 인생 막바지에 새로운 세상을 사는 듯 소란하다.
 고향 집을 수리하여 축하 잔치를 열었다. 옆집 언니도 초대하여 함께 즐겼다. 그녀의 수다는 상상이 되지 않는다. 어릴 적 언니의 입은 꼭 필요한 말 외엔 굳게 닫혀 있었다. 그런데 만개한 봄날처럼 가벼워졌다. 장어구이를 먹으면서도 말은 끊이지 않았다. 음식을 밀어 넣기도 아까운 시간이라 여기는지 얘기하느라 젓가락질이 자꾸만 느려졌다. 장어구이 한 점이 허공에 둥둥 떠 있다가 다시 접시에 풀썩 주저앉기를 반복했다.

처음에는 신기하여 그녀의 말에 귀를 기울였다. "그래도 오빠가 선물을 주고 갔어. 적잖은 연금이 나오거든." 시작은 흥미로웠다.

그러나 말은 다음 말을 차고 나가지 못했다. "그날도 혼자 끙끙거리면서 상을 차렸제." 언니의 표정은 이내 캄캄한 밤길을 거니는 듯 어두워진다. 지독한 모멸감에 세상으로 난 창은 모조리 거둬들였던 지난날로 단숨에 되돌아갔다. 게임은 끝났는데 여전히 오징어 게임에 열중인 아이가 금을 밟으면 큰일 날 것처럼 외롭게 서 있는 듯했다. 해맑게 웃다가도 이내 흙빛으로 변하면서 회한의 세월로 넘나드는 굴절된 눈동자가 안타깝다. 언니는 원망과 조롱, 한숨이 뒤섞인 지난 세월을 한 발자국도 넘어서지 못하고 있었다.

언니에게 종갓집 안주인이라는 권위는 허울뿐이었다. 서방은 새색시를 얻어 도회로 나가고 안방은 늘 혼자 차지였다. 한 해에 열 번이 넘도록 알지도 못하는 남편 조상의 제사상을 차리면서도 얼굴 한번 찌푸리지 않았다. 덕분에 아직도 내 기억 속 언니의 모습은 어느 한적한 호수의 물결처럼 평온하다. 자기 새끼와 같은 촌수를 가진 서방의 피붙이가 태어날 때마다 지독한 모멸감에 사로잡혔을 텐데 그 모진 세월 어찌 견뎠을까. 셋이나 되는 아이를 대동하고 안방을 급습해 오던 남편의 여자를 바라보며 숯검정이 되었을 언니의 속을 결혼을 하고 난 후에야 짐작할 수 있었다.

 하회탈 같은 얼굴로 나를 맞이하던, 어릴 적 내가 본 그녀는 누구인가. 서방은 다른 여자 품에 안겨 세월 가는 줄 모르고 취해 있는 동안 그녀는 동네 바느질감은 죄다 끌어안고 살았다. 남편에 관한 안 좋은 소문이 들려올 때마다 애꿎은 재봉틀만 돌리고 돌렸겠다. 잡념의 조각들이 요란한 소리에 묻혀 흩어지기를 바라며 힘껏 페달을 밟았을 것이다. 언니의 집중력은 대단했다. 하루 밤낮을 꼬박 앉아 소매며 바지통을 잇고 이었다. 세월 따라 곧았던 허리는 화살처럼 휘어지고 바느질감에 눌려 목이며 머리는 낮게 내려앉았다.

 마음이라도 보전하기 위한 그녀의 몸부림이었을까. 일감이 몸을 상하게 하는 동안 마음만은 지켜야겠다는 다부진 결기로 자르고 훔치고 꿰맸을 것이다. 마음을 따로 떼어놓는 법을 일찍이 터득하여 다행인가. 느끼는 대로 내버려두었다면 하루도 버티지 못하고 짐을 꾸렸을 테니까.

 대처로 나가 살면서 그런 언니를 잊고 살았다. 한참 만에 찾아간 고향에는 새로운 사람들로 북적였다. 옆집 오빠도 낯선 사람 중 하나였다. 다 늙어 찾아온 허수아비 남편을 맞아들이면서도 그녀의 입은 쉽게 열리지 않았다. 무슨 염치로 다시 안방을 차지하려 들었는지, 그런 남편에게 언니는 당연한 듯 자리를 내어주고 물러나 앉았다. 무위한 가짜가 진짜처럼 행세하는 현장을 목격하니 자꾸만 구역질이 났다. 맥없이 고개 숙인 진실의 민낯이 초라하기 그지없었다. 의지해 살아갈 기둥 하나가 뿌리째 뽑힌 거 같아 나도 모르게 불끈거렸다.

몇 년 전에 기어이 오빠가 먼 길을 떠나고 그녀 홀로 남았다. 없는 듯 살았어도 혼자였던 적은 없었는데 온전한 자아를 그제야 만났다. 그녀는 변하기 시작했다. 굳게 닫혔던 입에도 생기가 돌았다. 말의 향연이 시작된 것이다. 가슴에 쌓아두었던 말이 순서를 가리지 않고 터져 나왔다. 길거리에서도 지나는 사람을 돌려세웠다. 어쩌다 한 번이면 족하거늘 누군들 자기 일처럼 울어줄 사람이 있는가. 가슴 켜켜이 쌓였던 말 조각들이 세상 밖으로 불려 나와 하릴없이 풀풀거렸다. 상대의 무념한 낯빛을 보고도 못 본 척 주절주절 자기 말만 늘어놓았다. 오욕의 세월을 말과 함께 비우기라도 하려는 듯 매번 그렇게 치열하게 입을 열었다.

그때는 그랬다. 남편 없이 홀로 제사상을 차리는 뒷모습만 보아도 언니의 심정이 짐작되어 보는 이가 더 아팠다. 무언의 몸짓이 말보다 더한 설득력으로 나를 자극했다. 오빠를 향해 소리 없는 저주를 퍼부으면서도 화를 삭이지 못한 것도 언니의 아픔을 고스란히 받아 안았기 때문이다.

　말이 많아질수록 말의 진가가 흐려짐을 느낀다. 기막힌 세월을 어찌 말속에 담을까. 분노의 현장이, 모멸의 세월이 말속에 묻혀버리는 것 같아 안타까울 뿐이다. 말이 많아질수록 말은 무력하다. 언니는 갇힌 우리에서 박차고 나와 포효하듯 그녀의 이야기를 늘어놓지만 범람한 말은 자신을 제외한 그 누구에게도 스며들지 못하고 흘러가버린다. 끝이 뻔한 시나리오에 선뜻 마음을 주지 못하는 것처럼 언니의 진실도 거듭되니 넋두리처럼 들리는 것이다. 하루빨리 그녀의 분노가 순해지기를 바란다. 살아낸 세월을 대상화할 수 있을 만큼 거리를 두게 되면 그녀의 말도 본래의 힘을 되찾지 않을까.

　우리는 끊임없이 말과 줄다리기를 한다. 밀고 당기기를 잘해야 말도 힘을 얻을지니 무엇보다 줄다리기에서 이기는 법을 배울 일이다.

권태

 서로 싸울 때는 숨도 못 쉴 정도로 무섭다. 상대의 약점만 골라 무차별 공격을 퍼부을 때면 오빠 내외의 앞일은 불을 보듯 뻔해 보인다. 입에서 쏟아지는 말마다 불꽃처럼 상대에게 비수가 되어 꽂힌다. 분노가 머리 위로 치솟아 당장이라도 끝장을 내고 말리라 다짐하는 그들이다. 뿜어져 나온 미움과 원망이 공기를 무겁게 가라앉혀 함께 있는 자조차 더불어 생 몸살을 앓는다.
 그런데 웬 아이러니란 말인가. 금방이라도 돌아설 것처럼 싸우다가도 얼마 안 되어 사랑스런 눈으로 서로를 어루만지는 걸 보면 참으로 이해할 수 없다. 사랑도 싸움도 정열적이라 그런지 결혼한 지 서른 해를 넘긴 지금까지 한 이불 덮고 잘살고 있다.
 오빠는 일할 때도 누구보다 열정적이다. 맨땅에 씨를 뿌려 그 씨를 밑천 삼아 세상에 우뚝 섰다. 뿌린 씨앗이 트기를 손 놓고 기다리는 법이 없다. 씨앗이 제 일하는 동안 한발 앞서 싹의 미래를 준비했다. 남보다 늦게 자고 일찍 깨어 시간을 벌었다. 서른 즈음부터 꽃가게를 시작으로 자신의 영역을 넓혀나갔다. 늦은 출발이라는 걱정은 기우에 불과했다. 사람을 만나는 것은 그의 성을 쌓을 때 필요한 벽돌을 사다 나르는 일이라 생각했다. 오는 손님을 맨손으로 돌려보내는 법이 없다. 주인장의 열정에 현혹되어 충동구매를 하는 이가 날이 갈수록 늘어갔다. 그러면서도 외려 선물받은 기분으로 퇴장한 손님들은 서둘러 다음 방문을 기다렸다. 오빠의 주머니도 두둑해졌다.

도매상으로부터 사들이는 물건이 마뜩잖아 원하는 묘목을 골라 고향에 직접 나무를 심기 시작했다. 평수를 넓혀가며 나무를 심었다. 성년이 될 나무를 상상하며 일에 몰두하다 보면 그의 하루는 늘 모자랐다. 점점 땅을 넓혀 지금은 이만 평이 넘는 들녘에 아름드리 소나무가 빽빽이 들어차 있다. 그림에서나 볼 법한 잘생긴 나무들이 그의 손때가 묻어 반질반질 윤이 난다.

키운 나무가 안착할 곳을 위해 또 다른 일을 계획했다. 갖가지 면허를 취득하여 조경공사에 뛰어들었다. 오빠의 열정은 더욱 날개를 달았다. 튼실한 나무를 길러내듯 반듯한 공원을 창조하는 건 새로운 즐거움이었다. 에움길에서 고혹적인 여인을 마주한 것처럼 의외의 설렘이었다. 새로운 곳에서 오빠는 더 야무진 그림을 준비하기 시작했다. '집을 지어 보리라.' 우선 별장 짓기로 자신의 무대를 시험했다. 생각보다 그럴듯하여 다음 일정을 서둘렀다. 조경, 토목, 건축을 아우르는 종합건설업의 밑그림이 착착 현실로 증명되었다. 40층 넘는 마천루를 짓고도 아직도 그 열정은 지칠 줄 모른다.

굴지의 회사를 만드는 데 수십 년이 걸렸지만 이럴까 저럴까 갈등하는 모습을 보지 못했다. 강렬한 그의 열정이 흔들리는 눈빛을 가만두지 않았다. 왜 시련이 없었을까. 그것도 죽을 각오로 맞서는 그에게는 맥을 추지 못하였다. 시련이 힘없이 꼬리를 내리면 오빠는 위기를 기회로 전환했다. 어떤 순간에도 그의 투지는 즐거움에 기반한 일상일 뿐이었다. 고향에 갈 때마다 오빠의 아방궁을 들른다. 일흔 살을 향해 가고 있지만 하늘과 맞닿은 푸르디푸른 우듬지를 보면 여전히 그는 청년 시대를 사는 것 같다.

오빠를 생각하며 권태로운 나의 일상을 돌아본다. 훨씬 어린 나이에 몸보다 마음이 먼저 낡아버린 느낌이다. 지레 겁을 먹고 서둘러 짐을 싸는 모습이 참 못났다. 몸과 마음은 이어져 있어 마음이 고개를 숙이면 몸도 더욱 힘을 잃고 마는 게 문제다. 무엇이 먼저랄 것도 없이 엎치락뒤치락 서로에게 상승작용을 하는 거 같다. 악순환의 고리를 끊으려면 마음을 단단히 다지고 몸의 엄살을 받아주지 말아야 하는데, 번번이 실패다. 늙어도 새로울 수 있음을 믿고 실낱같은 에너지라도 쥐어짜다 보면 마음이 활기를 얻지 않을까. 마음이 활기를 찾으면 권태는 자연히 사라질 터인데.

요즘 들어 더욱 나른한 권태는 생활 전반을 점령한 기분이다. 며칠 전에도 남편과의 사소한 말다툼으로 의기소침해졌다. 자기주장이 강한 남편이지만 이번에는 내가 옳은 것 같다. 그러나 두말 거푸 하지 않았다. 말을 이으면 더한 반격이 올 텐데 그것을 받아칠 자신이 없다. 흐지부지 무마하려 드는 자신이 참으로 비겁해 보인다. 속은 말라비틀어진 무말랭이처럼 배배 꼬여가면서 겉은 평화로운 척 위선을 떤다. 숨만 쉰다고 살아 있는 건가. 그럴듯한 평온함에 숨어 번번이 문제없음으로 마침표를 찍고 만다. 불을 향해 뛰어드는 불나방은 못 되더라도 나인 채로 살다가 죽고 싶다. 밀려나고 포기하다 보면 내가 누구인지조차 모르게 될까 봐 두렵다.

죽을 듯 싸우는 오빠 내외가 이해된다. 사랑도 미워할 때처럼 열정적인 그가 부럽다. 싸우는 일은 치열하게 자신을 설득하는 과정이다. 자기를 지키려는 몸부림이 강한 사람은 타인을 인정하는 데도 적극적이다. 이것도 저것도 아닌 경계에서 눈치만 보다가 풀 죽어 사는 것은 권태로 가는 지름길이다. 부딪혀 보고 아프면 아프다 소리칠 줄 아는 사람이 건강한 사람들이다.

이상이 쓴 수필 〈권태〉가 떠오른다. 도회인인 그의 시골 생활은 처음 며칠간은 꿈같았으나 죽은 듯 변함없는 풍경이 권태롭기 짝이 없다. 머리 위에 떠오르는 별조차 싱겁기 짝이 없고 날이 어두워지니 습관처럼 밥을 먹고 멍석 깔고 자는 그곳 사람들이 마치 시체처럼 보인다. 권태에 빠진 시골 풍경을 보면서 '권태의 흉악함을 자각할 줄 아는 나는 행복한 존재다.'며 고백한다.

내면에 잠재된 열정이 하도 많아 오히려 권태에 자주 노출되는 이상처럼은 아니더라도 나도 권태의 흉악함을 무시로 느낀다. 틈만 주면 모래주머니를 달고 물속으로 침잠해 들어가는 권태가 그의 올가미에 나를 끌어들이려 한다. 더 이상 묶이고 싶지 않다. 알알이 튀어 오르던 열정을 아무렇게나 허비해버렸으면서 채권자처럼 다시 돋아나길 바라는 오만함을 어찌해야 하는가.

매일 싸우면서도 서로에게서 벗어나지 못하는 오빠 내외는 권태에 빠지지 않기 위해 그들이 정해놓은 수위를 아슬아슬 넘나드는 게 아닐까. 한바탕 싸우고 나면 모든 감각이 되살아나 한결 새로운 세상을 살게 될 테니까.

'그리스인 조르바'는 지금 하고 싶은 일을 하면서 살았다. 주춤거리거나 포기하지 않았다. 주변 시선을 의식하거나 민망한 순간을 고려하지 않으면서 순간에 열정적으로 충실했다. 죽음조차 자신의 의지대로 주무르고 싶어 선 채로 죽었다. 그는 꿈을 이뤘고 그의 열정을 사랑하는 많은 사람들로부터 여전히 추앙받고 있다. 열정은 나답게 살 수 있는 원동력이다. 권태의 늪에서 벗어나려면 생각을 접고 지금 당장 뭔가를 시작할 일이다.

낯선 도시

 방향감각 제로, 낯선 곳에 가면 그곳의 길은 임자를 만난 듯 나를 놀린다. 찾던 길은 꼭꼭 숨어 도무지 나타날 기미가 없다. 갈 길은 멀어 속이 타는데 혼자 숨바꼭질이 재밌는 모양이다.
 그날도 숨은 길을 찾아 헤매다가 얼마 못 가 털썩 주저앉고 말았다. 해거름이 지나니 주변에는 집으로 돌아온 사람들이 하나둘 불을 밝혔다. 온화한 불빛이 나를 향해 조용히 쏘아대었다. 기다리는 이가 있는 그곳에 닿지 못하는 나의 현재만 도드라졌다. 그와 나의 거리가 더욱 멀어지는 것 같아 조바심이 났다. 자주 그곳에 있었는데 그곳은 한 번도 가보지 못한 별세계 같았다.
 사방이 길인데 나를 위해 선뜻 내어주지 않는 길이 이렇게 미울 수가 없다. 길을 탓하고, 둔한 자신을 미워하는 중인데 시간은 무심히 제 길을 간다. 이제 더한 어둠이 밀려올 텐데 기다려주지 않는 시간이 서럽다. 더한 절망이다.

잃어버린 길 때문에 서성인 지도 꽤 오래되었다. 접어든 길이 잘못된 것 같아 뒤돌아보기도 많이 했다. '다시 수습할걸.' 뒤늦은 후회가 밀려온다. 승산 없는 일에 주사위를 던지고 있는 것 같아 모든 걸 처음으로 되돌리고 싶기도 하다. 그럴수록 소리 없는 아우성이 귓가에 울린다. 너를 떠나 난 어떻게 살라는 거냐고 집요하게 되묻는다.

처음 발을 들여놓은 그날을 떠올려본다. 사랑하는 사람이 곁에서 아무리 위로해도 내 서러움을 담아내지 못했다. 아이를 가지면서 알게 된 지병이 말썽이었다. 아이가 태어날 때까지 가슴 졸이며 기다리다가 분만하고 한 달이 채 되기도 전에 수술실에 누웠다. 갑상선암, 수술의 부작용으로 온몸이 뒤틀리기 시작했다. 눈만 뜨면 커다란 돌덩이가 가슴을 짓눌렀다. 숨을 쉴 수가 없었다. 의식하지 않고도 잘만 쉬던 숨이 세상에서 제일 힘든 일이 되었다. 일 분이 천 년 같았다. 차라리 숨을 쉬지 않아도 되는 영원의 세상으로 데려가 주기를 바랐다. 엄마도 남편도 애타는 마음으로 지켜보지만, 누구도 가슴에 있는 돌덩이를 치워주지 못했다. 아픔은 고스란히 혼자 감당해야 할 내 몫이었다.

세월 따라 나약한 마음은 잦아들고 홀로 버틸 수 있는 뿌리가 조금씩 자라기 시작했다. 지금은 어려운 시기이니 잠시 불어닥친 바람이라 생각하는 여유도 갖게 되었다. 덕분에 어렵게 내린 뿌리는 아픔을 자양분 삼아 하루가 다르게 단단해졌다. 살면서 그날의 고통은 약해지는 마음을 다잡는 열쇠가 되었다.

삶은 일인극임을 그때 알았다. 엄마의 손길조차 닿지 않는 무원의 공간에서 홀로 싸워야 하는 게 삶이라 생각했다. 어차피 그들의 손을 빌릴 수 없다면 구차한 얘기는 접어두기로 했다. 사랑하는 사람들과는 밝은 얘기만 나누려 애썼다. 그럴수록 속에는 풀지 못한 응어리가 하나둘 생겨났다. 누군가에게 나의 이런 이야기를 털어놓고 싶었다. 비우고 싶었다. 그래서 글을 쓰기 시작했다. 투병 일기를 쓰면서 한결 후련한 기분을 느꼈다. 그것이 시작이었다. 나도 모르게 글의 매력에 풍덩 빠져버렸다.

살면서 급한 것부터 해결하느라 멀리 마실을 다니기도 했다. 그러나 그를 떠나보낸 적은 한 번도 없다. 엉뚱한 일로 용을 쓰고, 다시는 안 볼 것처럼 잊은 듯 살았어도 그는 늘 내 곁에 두었다. 다듬고 자주 쓰다듬어주지는 못했지만, 고이 모셔둔 꿀단지처럼 손만 뻗으면 가질 수 있는 내 것이라 생각했다. 오냐오냐하고 달려와 줄 절친이라 여겼다.

  이제 다시 그를 찾고 싶은데 그는 나를 외면하고 있다. 내가 알던 그가 아니다. 가장 빛나는 모습으로 숨 가쁘게 달려오곤 하였는데 너무 오래 얼굴을 보여주지 않는다. 낯선 도시에서 이정표 없이 찾아 헤매던 숨은 길처럼 야속하다. 어쩌다 얼굴을 내밀 때도 피곤한 기색이 역력하다. 그에게 가는 길이 이리도 멀고 험난한 줄 예전에는 미처 몰랐다.

  다시 숨고르기를 한다. 찬찬히 지나온 길을 되짚어본다. 내가 서 있는 이곳이 출발점이다. '그래 맞아. 이쯤에 커다란 카페가 있었는데.' 방향감각은 없어도 기억력은 살아 있다. 건물의 위치를 보며 길을 찾는 나만의 방법이 있었지. 원시적이라 조롱해도 할 수 없다. 그에게 가는 길이 그것이라면 난 기꺼이 그 길을 붙들리라.

  행색이 변했다고 당황하지 말자. 그가 오는 길에 난 거친 풀을 뽑고 모난 돌을 걷어내는 데 집중하리라. 언젠가는 사랑하는 이가 불 밝히고 기다리고 있을 그곳이 발아래 있을 테지. 그러면 난 먼저 그를 붙잡고 엉엉 울어버릴 것만 같다.

기류

거미가 공중곡예를 한다. 창밖 허공에서 기지개를 켜기도 하고 맛난 먹이를 쩝쩝거리기도 한다. 길이 아닌데 길을 내고 바닥이 없는데 견고하게 섰다. 창 안과 밖을 자유롭게 넘나든다. 어느새 내게도 훅 들어왔다 사라지기를 반복한다. 시공을 넘나드는 4차원의 세계가 완벽하게 재현되고 있다.

거미는 여름만 되면 대가족을 데려와 시위하듯 춤을 춘다. 갈수록 호전적인 몸짓이다. 저러다 안방까지 잠식할 것 같다. 벌써 미세 방충망을 뚫고 들어와 등 뒤로 스멀스멀 기어오르는 기분이다. 당장 요절을 내야겠다. 며칠 전부터 심하게 곡예를 하던 놈이 포착되었다. 빗자루를 들고 나가 거미줄을 날렸다. 원추형 집은 갈가리 찢기고 한 줄에 매달려 위태롭게 출렁였다. 한 가닥만 끊어버리면 눈앞에서 사라지는 생명이다. 똑. 매번 이런 참사를 당하면서도 쉽게 떠나지 못하는 이유가 뭘까. 이천 년 전 선조의 땅을 찾아서 모여든 유대인처럼 이곳이 저들의 땅이라 우기고 싶은 걸까. 그들과 언제까지 이 소리 없는 전쟁을 치러야 할지 걱정이다.

거미줄의 정체를 확인하고도 4차원 세계를 다녀온 듯 아찔하다. 허공에서 공중곡예를 하는 거미를 보면서 눈의 한계를 절감한다. 우리는 모든 걸 볼 수 있다지만 지극히 일부만 볼 뿐이다. 눈에서 조금만 벗어나도 거미줄처럼 보지 못하는 것이 부지기수다. 원래 거기 있다가 이제 여기로 온 것뿐인데 길들인 시간의 틀을 벗어나지 못하여 당황스럽다.

며칠 전부터 공중곡예를 하는 거미처럼 나를 기웃거리는데 그것의 정체를 알지 못했다. 시공간을 자유롭게 넘나드는 놈이다. 굳이 4차원이 아니라도 끊임없이 노려보는 그놈의 시선이 따갑다. 머리 위 하늘에 먹구름이 이끼처럼 끼었다. 우산도 없는데 어쩌란 말인가. 그놈이 달려오면 100m 달리기를 해야만 처마에 닿겠다. 마음이 급하다. 신발 끈도 점검하고 펄럭거리는 외투도 다잡는다. 그런데 허무하게 스쳐 지나가 버렸다. 다시 말간 하늘이다. 이렇게 그놈은 잔뜩 변죽만 울리다 맥없이 사라지기도 한다.

오늘은 심상찮은 기운이다. 그냥 지나칠 놈이 아닌 듯싶다. 열기가 머리끝까지 솟구친다. 얼굴은 홍당무가 되고 시야는

흐릿하다. 서걱거리는 가슴. 밀폐된 공간에 갇힌 것 같다. 힘겹게 숨을 몰아쉬면서 현실 공간에서 벗어나려 애를 써본다. 아들의 해맑은 얼굴도 떠올려보고 신랑의 실없는 농담도 되뇌어본다. 가족이 하나로 함박웃음을 터뜨리던 즐거운 한때를 떠올려본다. 그래도 진정되지 않고 조바심이 조여 앉는다. 넓게 휘장을 두른 검은 놈이 바짝 다가왔다. 감정은 하강기류를 타고 땅끝으로 떠밀려 후미진 곳에 내동댕이쳐지고 만다.

싯다르타가 인간은 고통을 안고 태어났다 했던가. 고통은 사는 한 겪어야 할 일이며 물 흐르듯 자연스럽게 우리 곁을 지키는 감정이어서 숨 쉬듯 그저 받아들여야 할 대상이라 했다. 그것을 피하려 하거나 싸우는 건 참으로 무모한 짓이라는 것이다. 그리고 보니 순간순간 엄습하는 어두운 그림자의 정체를 알 것도 같다. 무시로 빠져드는 깊은 수렁은 사는 한 계속되는, 살아 있기에 감당해야 하는 원죄 같은 것일지도.

그것이 오는 조짐이 어렴풋이 보인다는 게 다행이라면 다행이다. 알고 있으면서 속수무책 번번이 당하는 게 문제다. 운전대를 잡고도 어쩌지 못하고 달려오는 차에 몸을 내맡기는 꼴이다. 선녀처럼 부드러운 목소리로 나를 홀리기도 하고, 깊은 늪에서 발목 잡고 으름장을 놓을 때는 내 이성도 어쩌지 못한다.

삶의 대가라면 달게 받아들여야겠지만 하강기류 속으로 스스로 걸어 들어가곤 하는 게 문제다. 인연은 귀하면서도 몹쓸 부분이 있다. 그를 알게 되면 옳고 그름을 따지기보다 내 편이 된 그들을 위해 행동 지도를 그린다. 내 편과 그 외의 것들로 분류하고 내 편을 위해 가열한 투쟁도 불사한다. 선택적 폭력이 내 안에서 일어난다. 외의 것들이 모함당해도 상관하지 않는다. 명작 《어린 왕자》에서 왕자의 생각이 행동의 명분이 된다. 지구에는 숱한 장미가 있지만 왕자별에 있는 한 송이 장미를 위해 지구를 떠나는 어린 왕자처럼.

그리고 나면 감당해야 할 후폭풍이 만만찮다. 끝도 없이 추락하는 감정의 하강기류를 고스란히 받아안아야 한다. 오늘도 인연과 신념 사이에서 선택을 강요받았다. 모두가 행복한 세상이 되려면 좀 더 가진 자는 덜 가진 자와 나눠야 한다고 생각했는데 이기적인 결단을 한 친구를 두둔하고 말았다. 인연은 신념보다 힘이 셌다. 오랜 시간 공들여온 말쑥한 신념을 가볍게 허물어버렸다. 사건이 해결된 후 돌아보니 그의 편에 서 있는 자신이 끔찍이 싫다. 냉정한 현실 탓이라 우겨 말하지만, 감정의 소용돌이를 피할 수 없다.

인연은 지켰으나 초라한 자신이 도드라진다. 폭풍이 지나간 바다처럼 주위는 잠잠해졌으나 내면에는 우울한 감정이 소용돌이친다. 감정은 걷잡을 수 없이 하강 곡선을 그리며 끈 떨어진 연처럼 추락한다. 나락으로 떨어진 기분을 전환할 의욕이 없다. 다시 상승기류를 타려면 침잠하기까지 내달렸던 두 배의 시간이 필요할 터, 한동안 침울한 생활이 계속될 것이다.

감정은 완벽한 4차원이다. 보이지 않으나 엄연히 그의 길이 있다. 몸이 마음에 기운을 불어넣기도 하고 마음이 몸의 기류를 움직이기도 한다. 기억할 것은, 아무리 사랑하는 이를 위한 일이라도 명분이 없으면 기분은 조용한 밤 침묵의 시간에 소리 없이 찾아와 나를 굴복시키고 만다는 사실이다. 신념을 외면하면 아무렇지 않은 듯하다가 언젠가는 그것에 매복당한다. 단말마처럼 다리가 꺾여 갈 길을 잃는다.

오늘은 멋진 하루가 펼쳐질 것 같다. 몸도 마음도 충만하다. 잘 살아낸 어제의 내가 가져온 선물이 아닐까. 상승기류를 탄 기운을 잘 받들어 모셔야겠다. 곁에 있는 이에게도 스며들어 징검다리 역도 마다하지 않을 참이다. 그러고 보면 감정 기류의 향방도 내 손에 달렸다.

너의 길

 학교 가려면 고개 하나를 넘어야 하는데, 길이 아닌 곳에 순전히 우리의 힘으로 길을 낸 적이 있다. 산허리를 따라 이미 길은 나 있었다. 그러나 그 길을 따라가려면 늘 마음이 급했다. 학교는 지척인데 돌아가려니 어쩐지 손해 보는 것 같았다. 성질 급한 친구들이 선발대가 되어 가시덤불 속을 헤집고 다니기 시작했다. 학교가 멀었던 우리는 너도나도 새 길에 힘을 보탰다. 가시밭길을 오르내리느라 상처가 떠날 날이 없었지만, 시간을 줄여주는 그곳에 마음이 갔다.
 세상 때가 묻지 않은 굽은 돌멩이도, 거친 땅의 기운을 박차고 올라온 무성한 잡초도 은근슬쩍 허리를 굽혀주었다. 선배가 끌고 후배가 다지면서 어느새 반들거리는 지름길이 되었다.
 그렇게 마음을 다하여 만든 길인데 오십이 넘어서야 겨우 찾아가 보았다. 그러나 낯선 포장도로가 목을 곧추세우고 있을 뿐 옛길은 사라지고 없다. 어림하여 이곳이겠다 싶어 발길을 옮겨 보았다. 가시덤불 속으로 초입의 풍경이 돌올하니 되살아난다. 놀랍게도 밤낮없이 몰려다니던 친구들이 그곳에 있다. 반갑다고 속살거리기도 하고 왜 이제 왔냐고 샐쭉 돌아앉기도 한다. 그러나 성급한 내 마음과는 달리 더 이상 길을 내어주지 않는다. 옛길은 마음의 문을 닫아건 지 오래인 것 같다.

명희, 정화 그리고 또, 그리운 친구의 이름을 떠올려본다. 고등학생이 되면서 친구들은 하나둘 대도시로 흩어졌다. 절친 정화와는 오랜 시간 함께하였는데 내가 서울로 올라오면서 그녀에게 가는 길도 흐릿해졌다. 한번 길이면 영원할 줄 알았는데 가뭇없이 사라지는 길을 보면서 원인 모를 상실감에 시달리기도 했다. 잊히는 길 사이로 새로운 길이 우후죽순 생겨나는 것도 어느 날부터 자연스럽게 받아들이게 되었다.

옛길의 부침처럼 요 며칠 예상하지 못한 곳으로 향하는 길을 보며 아득했다. 미국으로 이민 간 친구가 다니러 온다는 소식이다. 대학 시절, 시대의 아픔을 나눠진 둘도 없는 친구이다. 그때는 분노가 가을 서리처럼 내려앉아 우울한 날의 연속이었다. 결국 중력에 떨어지고 마는 사과처럼 내 인생도 주저앉고 말 것 같은 불안감에 시달리곤 하였는데 친구는 특유의 유쾌함으로 희망을 주었다. 친구와 함께라면 고난의 행군도 재미 삼아 내달릴 수 있을 것 같았다.

 그런 친구가 온다니 생각만 해도 가슴이 뛰었다. 여러 계획을 세워두고 친구를 기다렸다. 그런데 한참이 지나도록 연락이 없다. 여러 날이 지나서야 어이없게 SNS로 자신의 근황을 알려왔다. 도착했고, 친구들 만나 잘 놀고 있다고. "…." 더 보고 싶은 친구가 내가 아니었다는 사실에 난 바람 빠진 풍선처럼 풀썩 풀이 죽었다.

 그녀와의 길에 장애물이 있을 거라는 생각은 하지 못했다. 한쪽이 원하면 같은 맘으로 달려올 줄 알았는데 어느새 가시덤불로 무성하지 않은가. 양쪽을 호위하던 쭉쭉 뻗은 소나무는 온데간데없고 싸리나무 망개나무가 길을 덮었다. 가꾸지 않아도 여전할 줄 알았지만, 나만의 착각이었다. 세월을 가볍게 여긴 오만이 된서리를 맞아 눈 감고도 달려가던 길이 가뭇없이 사라져버렸다. 세월을 탓하기도 하고 스스로 갓길에 나앉은 참을성 없는 길 자체를 원망하기도 했다.

 물리적 거리만큼 마음의 거리도 소원해지는가. 오랜 시간 멀리서 각자의 생을 살다 보니 그녀와도 언제부턴가 마음에 가두는 말이 많아지긴 했다. 속없이 주고받던 말이 그녀에게

너의 길 47

닿지 못하고 허공에 둥둥 떠다녔다. 할 말과 해서는 안 될 말을 고르는 성가신 과정을 거쳐야 하는 적신호도 감지되었다. 다만 인정하기 싫어 정리하기를 차일피일 미루어 온 것이 사실이다. 곧 제자리를 찾을 거라는 최면을 무시로 걸었던 것 같다.

서로의 마음이 어긋난 것을 확인하는 순간 처음 얼마간은 무조건 손을 써야 한다는 강박관념에 사로잡힌다. 옛길의 정다움을 떠올리면서 안달하다가 원망하다가 불쑥 화를 내다가 삐치기도 한다. 친구도 같은 마음이었을 텐데, 자신을 추스르느라 친구의 마음을 헤아릴 여유는 더더욱 없었다.

애면글면하고 있는데 문득 세월에 맡기는 것이 정답이라는 생각이 드는 것이다. 세월 따라 자연스럽게 흘러가는 감정을 인정하고 받아들이니 원망하던 마음도 가라앉고 편안해졌다. 그녀도 세월 따라 새로운 길로 접어들었을 뿐임을 안다.

마음만큼이나 복잡한 길을 이고 지고 사는 것이 세상살이 아닐까. 나 또한 무수히 많은 길을 내면서 살았다. 시원스레 뻗은 8차선 도로도 있고 시냇물 따라 끝없이 이어지는 오솔길도 있고 푸근한 골목길도 드나들었다. 길은 길마다 소중하여 어느 하나 허투루 버려둘 수 없다. 욕심이 많아서인지 사라지는 길이 아쉬워 온 길을 되짚어 걸은 적도 한두 번이 아니다.

상처받은 상대의 마음을 어루만져 끝내 다시 길을 잇기도 많이 했다. 이제는 시합하듯 씽씽 내달리는 고속도로보다 정다운 이야기가 숨어 있는 골목길에 마음이 간다. 그곳에서 하냥 어릴 적 장난꾸러기를 기다리고 싶어지는 나이인가 보다.

  유독 많은 길을 만들고 사는 사람들이 있다. 그들은 길을 여는 데 주저함이 없다. 한계가 없는 지치지 않는 사람들이다. 그들에게는 부르면 달려와 줄 것 같은 믿음이 있다. 무슨 얘기든 수용할 것 같은 편안함이 있다. 마치 잘 짜인 오케스트라를 이끄는 지휘자처럼 한 곳도 소홀히 다루는 법이 없다. 가끔 그런 이가 부러워 닮아볼까 애도 쓰지만, 얼마 못 가 익숙한 나의 길로 되돌아오고 만다.

  앞으로 얼마만큼의 길을 더 낼 수 있을까. 새로운 길에 들뜨기보다 있는 길을 잘 가꿀 일이다. 나 또한 세상으로 향하는 지름길이기보다 고단한 영혼이 쉬어가는 에움길이었으면 좋겠다. 졸고 있는 가로등도 품어 안는 따뜻한 고샅길이 되고 싶다.

오늘이 내일에게

 오늘에 내일은 언제나 그리움의 대상이다. 지척에 두고도 만날 수 없는 미지의 세계다. 상사화의 애틋함이 그러할까. 한 몸에서 나 그저 흔적으로만 만나야 하는 상사화의 꽃과 잎처럼 오늘은 내일을 그리며 산다. 덕분에 우리는 삼백육십오 일을 새날처럼 맞이하는지도 모르겠다. 그래서 아침에 눈을 뜨면 새로이 설렌다.
 오늘은 무엇으로 채울까. 내게 온 오늘을 폼 나게 그려볼 참이다. 나를 둘러싼 소중한 것들을 떠올려본다. 일터에서 부산하게 움직이는 사랑하는 가족의 손과 발, 총총한 눈빛. 다행히 나쁘지 않게 하루에 안착하는 모습이다. 환한 빛줄기가 그들에게 머문다. 욕심이 난다. 목소리가 그리워 수화기를 든다. 신호음이 울리는데 딸은 응답이 없다. 엄마 전화도 받을 수 없을 만큼 난처한 상황에 놓인 건 아닌지 마음이 쓰인다.

아들은 수업 중이려나, 몇 번의 신호음이 울리자 반가운 목소리가 들려온다. "엄마, 이따 전화 드릴게요." 머리와 꼬리는 다 자르고 한마디로 끝이다. 엄마의 안부도 물을 틈이 없는 걸 보니 역시 바쁜 모양이다.

내게서 났건만 나만 홀로 두고 그들끼리 훌훌 날아가버린 기분이다. 빈 둥지가 되어 하냥 품었던 지난날만 그린다. 온전히 나 하나로 충만할 수 없을까. 애들은 훨훨 떠나 자유롭게 노니는데 여전히 그들의 안부에 나의 하루는 요동친다.

커피를 내린다. 모시처럼 여린 햇살이 거실에 내려앉는다. 살을 비비는 먼지조차 하도 투명하여 보이는 대로 모아 안고 싶다. 커피 향이 햇살을 만나 그네를 탄다. 거나하게 취한 햇살을 뒤로하고 커피 향은 내 안으로 들어와 흐른다. 잠깐의 저기압은 벌써 아득한 옛일 같다. 온전히 나 하나로 꽉 차오른다. 새로운 하루가 내 곁에 왔다. 소파에 드러누워 책을 읽으면서 해가 이울도록 스스로 정물화가 된다. 온전한 평화다.

지난해는 바빠 자신을 돌아볼 겨를이 없었다. 시어머니가 아파 모든 시간을 어머니께 맞춰야 했다. 바람 따라 떠나고 싶다고 하시더니 어느 날부터 가시고기처럼 살을 내렸다. 힘겹게 쌓아온 어머니의 성이 무너져 내렸다. 나도 언젠가는 어머니 가신 길을 가야 할 텐데, 생각만 해도 허탈하다.

어머니와 긴 이별을 하고 계획 하나를 세웠다. 지친 몸을 달래고 고단한 영혼을 위로하기 위해 궁핍한 내면으로 깊숙이 들어가 보기로 했다. 이제야 가문 논처럼 볼품없는 영혼과 마주한다. 햇살을 받을 틈 없이 꽁꽁 싸매 둔 마음밭이다. 잡념이 끼어들 틈을 주면 당장 현실을 해결할 힘이 빠져버릴까 봐 최대한 단순하게 살아온 결과다.

생기를 불어넣기 위해 가리지 않고 영화도 보고 책도 읽는다. 건조한 가슴에 물길이 생기기 시작한다. 다시 열어본 감성 저장고가 걱정되었지만, 작동에는 이상이 없다. 좌판만 펼쳤을 뿐인데, 감각이 살아 꿈틀거린다. 단조롭던 일상이 활기를 띤다. 촉촉한 아침 공기와 함께 상쾌한 하루가 시작된다.

내처 감성에 젖어볼 참이다. 〈파리 가는 길〉 영화를 골랐다. 커튼을 내리고 스크린에 집중한다. 다이안 레인은 나이를 먹어도 여전히 우아하다. 우연히 낯선 도시에서 파리까지 동행하게 된 로맨틱한 한 남자, 내 자신보다 내게 필요한 것을 더 빨리 알아채는 그 파리 남자를 어찌 사랑하지 않을까. 낭만이라고는 밥 말아 먹은 지 오래인 그녀의 남편과는 비교되지 않는다. 그의 말은 꿀처럼 달고 행동은 날렵하기 이를 데 없어서 수시로 여자는 감동한다. 보는 나도 내 남자인 양 행복하다.

그러나 작가가 현실을 부정하고 그들의 사랑을 완성시키면 어쩌나 내심 걱정되었다. 다행히 파리에 도착한 그들은 위험한 선을 넘지 않았다. 약간의 여운을 뒤로하고 둘은 더욱 충만하여 일상으로 돌아간다. 난 내 식대로 그녀가 다시 만나게 될 남편을 새롭게 사랑하는 걸로 이야기를 마무리 짓고 스크린에서 빠져나왔다.

조금 전만 해도 햇살은 묵은 손님처럼 허리띠를 풀고 앉았더니 싸한 기운에 황급히 꽁무니를 뺀다. 천변은 의외로 한산하다. 갈대는 여전히 누렁 잎을 매단 채 고개를 늘어뜨리고 그 틈을 비집고 올라온 호기심 많은 민들레가 간간이 눈인사한다. 저 건너 빌딩은 하나둘 불을 밝히고 발묵하는 불빛을 받아안은 강은 원시의 공간인 양 고요하다. 갈대가 둘러친 강어귀에 기러기 한 쌍 자맥질이다. 한 놈이 물속으로 사라지면 다른 놈도 뒤따라 쏙 머리를 감추고, 한 놈이 포르르 날아오르면 잇달아 다른 놈도 폴짝 얼굴을 내민다. 정답게 노는 기러기가 강의 풍경을 완성한다.

얼마 안 있으면 시원한 바람이 넘실댈 테고 많은 이가 이곳을 찾겠지. 색색의 봄꽃이 기지개를 켜고 연약한 연두가 세상을 호령할 테다. 잠자던 세상이 깨어나 소란하게 말을 건다. 단단한 오늘이 그를 닮은 내일을 데려오리라.

향에 스미다

　우선 태생부터 기름져야 하고 이리저리 휘둘리지 않고 정한 길로만 걸어온 몸이라야 한다. 고향을 떠나 지름길로 달려온 놈이어야 하고 최적 온도에 몸을 단련시켜 내밀한 곳에서부터 풍미를 발산해야 한다. 죽어서 다시 산 그것의 미래는 순전히 주인의 손에 달렸다. 산산이 부서져 차가운 길바닥을 전전하는 종이컵의 신세가 될지 잡기도 아까운 미려한 커피잔을 제 집 삼아 살게 될지 그 누구도 장담할 수 없다. 놈의 운명이 내게 달렸다고 생각하니 숙연해지기까지 하다.
　내려서 먹는 커피 맛에 빠진 후부터 정결한 원두를 데려오기 위해 꽤 비싼 값을 치르고 있다. 태생이 같은 것만 골라 난 늘 이주간의 몫만 데려온다. 신선한 놈을 구했다고 끝이 아니다. 시간과 물의 온도와 양이 절묘하게 맞아떨어져야 그것은 향으로 피어나 나를 설레게 한다.

우선 적당한 온도의 물을 부어 몸을 불린다. 몸집이 불어나면 일정한 양의 물을 개울물처럼 여리게 흘려보낸다. 몸이 잠길 때까지 인내하며 같은 세기의 물줄기를 만드는 데 심혈을 기울인다. 거세면 맛도 거칠어져 순하고 기품 있는 향을 기대할 수 없다. 눅진하게 흠씬 배어들면 진한 향을 토해낼 때까지 기다릴 차례다. 충분히 물을 머금은 그것은 달곰씁쌀한 향을 발산하기 시작한다. 코끝을 타고 들어온 그놈은 온몸에 서서히 차오른다. 마치 물 만난 고기 같다. 나를 거쳐 미려하게 유영하며 집 안 곳곳에 행복을 전달한다. 잠이 덜 깬 집안 공기가 첫사랑을 만난 듯 수줍게 들까불고 블라인드 틈새를 비집고 들어온 햇살은 흐르는 시간에 밀려날까 봐 불안한지 자꾸만 얼굴을 간질인다. 온전한 평화다.

이렇게 열일하는 그것인데 바쁠 때는 놓치기 일쑤다. 시간을 잊고 기다려야 하는데 전화벨이 울어대고 초인종이 요란해지면 여러 번의 수고를 한 번에 해결하고 싶은 유혹에 사로잡힌다. 알커피나 캡슐커피를 만지작거리다가는 그것이 주는 평화도 홀연히 사라지고 만다. 나를 달뜨게 하는 그것을 만나려면 무심히 기다리는 수밖에 도리가 없다.

커피는 대학 시절 자판기 커피로 인연을 맺었다. 달콤하고 씁쌀한 맛에 크래커를 곁들이면 무엇도 부럽지 않았다. 공부에 지치다가도 커피를 보면 몸은 쉽게 충만했다. 그때를 떠올리면 아직도 자유로운 영혼이 된다. 기억만으로도 입은 헤벌쭉해지고 몸 하나하나의 세포가 살아나면서 이내 살갗이 팽팽해진다. 몽글거리는 가슴 새로 저장되어 있던 지난 이야기들이 세상 밖으로 나오고 싶어 야단이다.

유난히 그 친구가 좋았다. 우리는 많은 시간 함께했다. 끓어오르는 열정을 삭이려면 커피만 한 게 없었다. 라면값의 네 배는 치러야 맛보는 한 잔의 커피, 사치든 허상이든 우리는 그 카페에서 커피를 마주하고 앉으면 순한 양이 되었다. 한 모금 축일 때마다 거친 마음은 누그러지고 서로를 향해 머리를 기울였다. 복잡한 일로 치열했던 20대에 커피를 사이에 두고 서로를 다독이곤 했다.

용돈 받는 날이면 가끔 비엔나커피도 즐겼다. 뜨거운 커피의 쌉싸래함에 얹은 차가운 생크림의 부드러움이 나를 안달하게 했다. 차갑게 다가와 긴장시키더니 그예 뜨거운 기운이 입술에 스미면 내 안에 두둥실 보름달이 떴다. 주변은 보름달에 물들어 은은하게 빛이 났다. 달의 부드러운 성품이 고단한 일상을 어루만지는 것 같았다. 비엔나커피는 주머니 사정으로는 감히 넘볼 수 없는 사치였기에, 몇 끼의 초라한 밥상을 각오해야 했다. 순수한 그것이 이성을 마비시키곤 하였지만 그래도 마냥 즐겁기만 했다.

 이렇게 좋은데, 그것과 이별해야 하는 여러 번의 고비가 있었다. 그럴 때마다 어르고 달래며 아슬아슬하게 인연을 이어왔다. 단잠을 포기해야 하는 위험한 거래임을 알면서도 외면할 수 없었다. 늘 커피가 단잠을 이겼다.

 게다가 내리는 커피 맛에 빠지고부터 욕심이 더해졌다. 원두의 맛이 오묘하게 다른 거다. 갖가지 과일 맛이 종합선물세트처럼 입안에 머물더니 새콤함으로 산뜻하게 뒷맛을 정리해주기도 하고, 깊고 내밀한 곳에서부터 흘러온 진액이 묵직하게 폐부 깊숙이 스미기도 했다. 이 맛을 보면 저 맛이 궁금하여 견딜 수가 없다. 하루에 허락된 한 잔의 수위를 자주 넘나들었다.

 잊고 있던 걱정이 현실이 되었다. 불면의 밤을 보내기 일쑤고 어느 날부터는 심장이 제 마음대로 날뛰었다. 느닷없이 쿵쾅거리기도 하고 알 수 없는 통증에 숨이 차기도 했다. 방망이질할 때마다 죽을병인가 하여 가슴이 철렁 내려앉았다. 다른 장기가 고장 나면 그래도 이별할 얼마간의 시간이 주어지지만, 그것이 고장 나면 단번에 붙들려가겠다는 생각에 덜컥 겁이 났다. 조급함에 마음이 먼저 병원으로 달려갔다.

 "커피를 끊어야 합니다." 의사의 말에 이별을 선언하고 지인들에게도 알렸다. 막연했지만 언젠가는 이런 날이 올 줄 알았다. 영원할 수 없는 만남임을 알았기에 더 몰입했는지 모르겠다. 드립 도구들을 찬장 깊숙이 밀어 넣었다. 일상에 커피가 빠지니 아침이 헐거워졌다. 커피를 마시기 위해 식사를 챙겨 먹곤 하였는데, 아침 시간이 밋밋하고 나른하게 흘렀다. 매듭짓지 못한 나의 하루는 물에 젖은 매생이처럼 아무렇게나 흩어졌다.

아직도 순간순간 그의 유혹에 정신이 아득하다. 커피는 악마와 같이 검고 지옥처럼 뜨겁다고 했던가. 지인은 오늘따라 유난히 달게 마신다. 난 캐모마일 차를 마시다 말고 그것을 기웃거린다. 익숙한 몸짓, 달콤한 속삭임! 늘어진 세포가 찬바람에 이는 들불처럼 일어선다. 이미 허락한 줄 그것도 아는 모양이다. 과감하고 저돌적이다. 사랑하는 이의 손길이 이처럼 강렬하고 부드러울까. '아, 딱 한 잔만 허락하리라!'

세월을 읽다

　새벽을 가르고 저벅저벅 그녀가 온다. 먼 곳의 그녀가 문밖 가까이서 서성이고 있다. 애써 귀를 막고 고개를 가로저어도 어느새 문 앞! 드러나는 실루엣이 살 떨리게 싫다. 얼른 일어나 세수를 한다. 차가운 물에 마틀마틀한 살결이 정돈되길 바랐건만 더 무끈해졌다. 거울 속 그녀는 오늘만큼 가까이 다가와 태연히 나를 맞는다. 나는 또 오도가지도 못하는 신세가 된다. 꼼짝없이 그녀의 포로다.
　낯설기도 했지만 마흔 대 언저리에서는 '그래, 올 테면 와라.' 꽃길을 놓아주기도 했다. 짙은 혈기로 별거 아닌 양 의연히 맞아주었다. 문제는 지인들의 혼란이었다. 준비되지 않은 그들은 그녀를 불편해했다. 몇 번의 고집 끝에 반백을 포기하기로 했다. 염색으로, 짙은 화장으로 포장하면서 다가온 그녀를 멀리했다. 한동안 감추고 밀어내다 보니 그녀의 모습을 잊고 살았다. 변장한 모습이 진짜 같았다. 포장한 내가 나답다 착각하고 살았다.

한 친구는 의연했다. 반백을 넘어 백발에 가까운 머리를 받아들이기로 했다. 몇 년의 인내로 모양새를 완전히 바꿨다. 그런데 사람들의 오해가 들끓어 가는 곳마다 신분증 대조를 요구했다. 할머니가 젊은이 행세를 하려 든다고 의심의 눈초리를 거두지 않았다. 불편한 심기를 하루에도 몇 번씩 토로했다.

하여 오랜 인내로 얻은 단정한 백발을 포기하기로 마음먹었다. 다시 갈색 머리를 하고 나타난 그녀! 언덕 하나가 툭 무너지는 기분이었다. 그녀의 백발이 승승장구하길 바랐다. 나도 가야 할 길이기에 선발대가 목적지에 무사히 안착하길 바랐다. 이정표가 사라진 지금 어디로 가야 할지 막막할 뿐이다.

문제는 문제다. 한 달도 안 되어 차오르는 백발을 무슨 수로 막아선단 말인가. 염색의 부작용도 만만찮다. 눈도 개진개진하고 눈물도 때 없이 쏟아진다. 딸아이가 아이를 낳으면 그녀를 의연히 맞이할 수 있을까. 백발 할머니의 어감에는 초라함보다 기품 있는 우아함이 먼저 떠오르니 말이다.

그녀는 머리로 끝나지 않았다. 그때의 모습이 잊히지 않는다. 늦은 밤 거울 속에서 오롯이 그녀와 마주했다. 문상객을 맞이하느라 피곤하기도 했다만 느닷없이 나타나 얼마나 당황스러웠는지. 운 좋게 잘 피해 다녔건만 기회는 이때다 싶었는지 노골적으로 모습을 드러내었다. 눈꺼풀을 덮어 세모눈을 만들고 이마엔 냇물이 흘러도 좋을 만큼 깊게 골을 패고 눈 가장자리 사이사이로 맘대로 그려놓은 내 천 자에 흘러간 세월을 보란 듯이 진열하고 있었다. 더 이상 숨바꼭질은 부질없는 짓 같았다.

불청객이 분명한데 그렇다고 쫓아낼 방법이 없다. 도린곁만 기웃거리던 그녀가 누가 반긴다고 현관문을 열고 거실을 돌아 이제 안방까지 차지하려 드는가. 누가 낯선 이곳에서 나를 좀 **빼내어주었으면.**

같은 길을 걷고 있는 친구가 애타게 그립다. 그녀의 그녀도 어금지금하게 다가와 포로 신세인 걸 알기에 전에 없던 동지애가 샘솟는다. 닮은꼴 딸보다 친구가 위로고 기댈 어깨다. 오늘도 우리는 많은 이야기를 나눴다. 처지는 눈꺼풀 때문에 시야가 좁아 든다 했더니 여러 비방이 나왔다. 의술의 도움 없이 그녀를 멀리할 꿀팁을 어디서 구한단 말인가. 둘도 없는 동지다. 외롭지 않은 동반자다.

그녀의 존재를 실감할 때가 갈수록 늘고 있다. 그녀는 멀쩡해 보이는 거죽 뒤에 숨어 나를 조종하려 든다. 팔이며 다리며 부분 부분이 조여올 때는 내 몸이 풀 죽은 삼베옷 같다.

쪼그라드는 근육이 세월에 굴복하는 순간이다. 뼈를 단단하게 지탱하던 근육이 바람 빠진 풍선처럼 연한 바람에도 풀풀 날리는 기분이다.

연결고리에도 이상 신호가 온다. 활발하게 움직이던 관절이 뻣뻣하기가 이루 말할 수 없다. 구부릴 때마다 힘들다 쉬어가라 명령이다. 너털너털 삐걱거리는 걸 보니 그도 엄살이 아니라 제자리에서 이탈한 게 분명하다. 갈수록 헐거워 시동 걸기도 힘들고 걸린 시동을 유지하기도 버겁다. 자꾸만 급한 걸음을 붙잡아서 마음만 내달릴 때가 많아졌다.

그녀는 몸을 뒤틀어 혼미하게 하더니 이제는 정신까지 잠식하려 든다. 세상으로 난 창을 하나둘 거둬들인다. 이글거리는 도시의 불빛이 금단의 땅처럼 낯설다. 다가서면 데일까 걱정부터 앞선다. 혼돈과 열정의 시대는 꿈처럼 아득하고 조바심과 안정이라는 키워드만 나를 지키고 있다. 잔잔한 파고는 삶의 활력이었고 제법 큰 파고는 살아 있음을 증명하는 보증서 같은 거였다. 낑낑대며 뛰어넘으면 해냈다는 짜릿함에 서둘러 다음 일정을 짜곤 하였는데. 젊음은 그런 거였다. 보내고 나니 무엇과도 바꿀 수 없는 재산이었다. 그녀는 소원하는 모든 것들을 집어삼켰다. 그녀가 야속하여 자꾸만 뒷걸음질이다.

완충장치도 고장이 잦다. 탄력은 사라지고 돌덩이가 되었다.

손톱만큼이라도 신경 쓰이는 일이면 소화를 못 시키고 꺽꺽 되새김질한다. 사는 건 지뢰밭을 건너는 일. 심장을 가격하는 폭탄이 지뢰처럼 숨어 있어 발을 내디딜 때마다 조심스럽다. 소심하고 더딘 게 세월 탓인 것 같아 쓴소리를 시도 때도 없이 퍼붓는다.

그래도 숨 쉴 틈을 주는 게 고맙다. 간혹 볕 좋은 날엔 그녀도 해찰하는지 나를 버려둘 때가 있다. 그녀의 그림자가 사라지면 몸부터 활기를 찾는다. 비실대던 세포들이 살아 꿈틀거리기 시작한다. 심장의 펌프질도 제법 거세다. 무엇보다 마실 간 의욕이 돌아와 어디든 떠나자 부추긴다. 세상은 환희에 차고 나는 길 위를 나선다. 부디 좀 더 긴 여행이 지속되길 소리 없이 외친다.

'그래 오늘만큼만, 딱 이만큼만이라도 제발.'

2. 삶을 끌어안다 1

묵은 발톱 | 애호박
기울다 | 분홍 가락지
가을 속으로 | 새벽길
품위 있는 여인 | 그곳에는
느리게 걷기 | 초승달 닮은 남자
화양연화

묵은 발톱

 식탁 모서리에 정면으로 부딪쳤다. 순간 발끝의 통증이 가슴을 조여왔다. 엄지발톱에 멍이 들었다. 발톱 안에는 삐죽거린 피가 그대로 말라 시꺼멓게 변해갔다. 사람들 앞에 서면 샌들 밖으로 드러나는 발톱이 미워 나도 모르게 엄지발가락을 꼼지락거렸다. 거무죽죽한 발톱으로 여름을 보내야 했다.
 분기쯤 버텼나. 기어이 떨어져 나갈 모양이다. 이불깃을 끌어당기는데, 순간 뭔가가 걸렸다. 앗, 살점이 뜯겨 나가는 통증. 죽어가던 발톱이 툭 떨어졌다. 미련 없이 떨어내버리려는데 다른 쪽 끝이 살점을 꽉 붙잡고 있다. 덜렁거리는 채로 며칠을 보냈다. 한 번 맛본 통증은 날 겁쟁이로 만들었다. 어디에 또 걸리면 엄습할 통증이 상상되어 대처를 서둘렀다. 힘을 주어 떼어 내버려야겠는데 쉽지 않다. 왼쪽 끝부분이 새 발톱으로 아직 차오르지 못하여 살집에 매달려 있다.

분리의 아픔을 온몸으로 느낀다. 만져보고 조심조심 흔들어본다. 거북 등껍질 같은 그것은 꺾이면 꺾였지, 휘어질 줄 모른다. 할 수 없이 살점에 붙어 있는 부분은 남겨두고 나머지를 도려내기로 했다. 덜렁거리는 부분을 분리하느라 강제집행을 시작했다. 그 안에는 곱고 여린 발톱이 홀로서기를 하고 있었다. 살을 뚫고 살금 고개를 내미는 여린치가 기특하여 몇 번이고 쓰다듬어주었다.

 남겨둔 귀퉁이 묵은 발톱의 귀추가 궁금했다. 이미 잘라낸 부분에는 새순 같던 아기 발톱이 여물어 가는데 이쪽은 아직 때가 아니라며 감싸고 있다. 덜 자란 아기 발톱을 홀로 두고 떠날 수 없나 보다. 잘려 나가고도 버티는 그의 운명이 애처로워 보였다.

 세상은 떠나고 다가오는 것들과 맞물려 고요한 듯 균형을 유지한다. 비워내면 차오르는 순리 속에 나도 자연스럽게 흘러간다. 난간에 매달려 공중곡예를 하던 여름 끝 거미도, 세상을 화려하게 물들이던 가을날 단풍도 사라져버렸다. 매일 이별하며 살고 있다고 읊조리던 가수도 담배 연기처럼 가고 없다. 김광석은 가고 그의 자리를 다른 누군가가 메우고 있다. 격한 슬픔도 흘러가고 우리는 그의 부재를 무심이 바라보아도 괜찮은 지점을 건너고 있다. 가고 오는 것들에 익숙해지면서 삶의 변주를 즐기게도 되었다. 잊은 채 이별이 일상인 듯 산다.

그런데 어떤 이와의 이별은 이별로 끝나지 않는다. 가슴에 별이 되어 다시 반짝인다. 어릴 적 내게 엄마는 세상으로 난 창이었다. 엄마를 기대지 않고서는 할 수 있는 게 없었다. 작은 상처에도 토끼 눈이 되어 엄마의 눈동자 속에 숨어들었다. 묵은 발톱 속에서 살점과 채 분리되지 못한 여린 발톱이었다. 눈 감으면 엄마가 가고 없는 상상을 자주 했다. 무섭고 불안하여 철퍼덕 퍼질러 앉아 목 놓아 울던 꼬마. 구름 낀 날이면 환영이 현실처럼 끔찍하게 다가왔다. 선잠을 자다가 몇 번이고 엄마의 젖가슴을 찾았다. 홀로서기는 요원한 일 같았다.

세상을 얕잡아 볼 때가 되었을 때 목숨 같았던 엄마도 시시했다. 홀로서도 문제가 될 게 없는 냉정함을 자연스레 터득했다. 이제는 엄마가 애달아 나를 찾았다. 딸이 궁금하여 내 곁을 맴돌았다. 전화통이 울리면 엄마의 목소리. 당연한 전화에 설렐 일도 없었다. 무심한 말투가 엄마의 가슴에 얼마나 많은 빗금을 쳤을지. 그때는 그래도 되는 줄 알았다. 엄마가 부여한 나만 가진 특권이라 생각했다. 세상이 재미있어 해찰하는 동안 엄마가 나를 떠나고 있었는데 나는 알지 못했다. 7년간의 병상 생활 끝에 엄마는 홀홀 내 곁을 떠났다. 홀로서기는 이별의 예행연습 같은 것. 홀로서기가 가능해지니 엄마의 시간도 순순히 흘러 먼 길을 떠나고 말았다.

 그래도 엄마는 버티고 버티다가, 세상을 향해, 벼리던 딸의 칼날이 무뎌진 걸 확인하고서야 이별을 알렸다. 떠나지 못하고 차오른 아기 발톱이 거쿨진 물상에 적응할 때를 기다린 묵은 발톱처럼 엄마도 힘겹게 딸의 곁을 지켰으리라. 덕분에 지금은 하늘을 올려다보아도 마음이 가볍다. 이별한 적 없는 듯이 엄마를 무시로 만난다.

 나와 딸애는 어디쯤 서 있을까. 한 달 전에 짝을 만나 결혼했다. 고운 드레스를 입고 대기실에 앉아 있는 딸애를 보니 울컥 눈물이 났다. 다섯 살 때였던가. 잠자는 아이를 두고 잠시 시장을 다녀오니 그새 깨어 동네가 떠나가랴 울어댄 아이이다. 혼자 버려둔 엄마를 향한 원망의 눈빛. 세상에 없는 고립감을 감당하기에 아이는 너무 어렸지 싶다. 여물지 못한 새끼를 보호하느라 살집을 놓지 않는 묵은 발톱이길 바랐을 테지. 엄마와 담을 쌓는 것만이 자기를 지키는 길이라 생각했을까. 아무리 어르고 달래도 곁을 주지 않았다. 그 후로 아이 몰래 나가는 일은 다시는 하지 않았다.

 겁 많고 소심한 아이가 세상을 향해 한 발 한 발 내딛기 시작하더니 저 너머의 세상도 자유롭게 넘나들고 있다. 엄마와 분리의 아픔을 잘도 견뎌 홀로서기에 성공한 딸이 대견하다. 엄마밖에 없던 세상이 여러 사람을 들이고도 남을 만큼 넉넉해졌다. 겨자씨만 하던 타인에 대한 믿음이 어떻게 세상을 품을 만큼 거대해졌을까. 홀로서기는 네가 없어도 견딜 만하다는 의미이다. 세월이 흘러 나의 부재가 당연해지는 날, 아이는 나와의 이별 또한 자연스럽게 삶의 한 부분으로 받아들이겠지. 그 옛날 내가 그랬던 것처럼.

딸이 자유로울 수 있게 비켜서야 하겠지만 그래도 아직은 일부러라도 엄마를 찾았으면 좋겠다. 갈림길에 서서 혼란스러울 때 그래도 아직은 제일 먼저 엄마 품이 생각났으면 좋겠다. 꼼지락꼼지락 내 품을 파고들던 그때의 아이가 노곤하게 쉬어가는 꿈을 꾼다. 잊힌 듯 사는 데 익숙해지려면 얼마의 시간이 더 흘러야 할까.

묵은 발톱은 나머지 아기 발톱에 세상을 건네주고 떨어져 나갔다. 언제인지 모르게 조용히 떠났다. 살집인지 발톱인지 분간이 안 갈 정도로 핑크빛 여린치가 하루가 다르게 여물어 간다. 불그죽죽하던 것이 누르스름하니 어엿한 발톱의 품새다. 강단도 생겼고 자잘한 돌부리쯤은 거뜬히 견뎌낼 것 같다. 행여 다칠세라 신경이 쓰였는데 멀찍이서 그것의 새 출발을 응원해주면 될 것 같다. 홀로서기는 내게 더 다급한 문제가 되었다.

애호박

 비닐 집 속 애호박을 본다. 딴짓을 하던 중 손에서 미끄러져 나간 그것은 쿵 하고 땅바닥에 떨어지고 만다. 살짝 실금이 간 듯했으나 비닐을 벗겨보니 조각난 살점이 많다. 비닐 집에 기대어 아무렇지 않은 표정이었으나 상처는 이미 커 손써 볼 도리가 없다. 그런데 안타까움보다 후련한 이 기분은 뭔가. 상처가 난 후에야 맛보는 짜릿한 해방감! 생의 끝자락에 찾아온 자유지만 한 번도 가보지 못한 세상으로 훨훨 날아갈 것만 같다. 어느새 감정이입이 된 나는 호박이 살아온 생의 한복판으로 훅 걸어 들어간다.
 애호박은 꽃눈 시절을 지나 열매가 되어가면서 많은 상상을 했을 거다. 한낮에는 몸 깊숙한 곳까지 활짝 열어 나긋한 봄볕을 받아들였을 테고 구석구석으로 전해오는 태양의 짜릿함을 지긋이 즐겼겠지. 태양을 품어 얻은 생명이니 그를 닮은 삶을 꿈꾸었으리라. 태양처럼 뜨겁고 강렬한, 단단한 육질을 갖고 싶었을 거고 나이 들어서는 이웃의 노을빛 할아버지 호박처럼 펑퍼짐한 엉덩이로 넓은 집을 짓고도 싶었을 거다. 나비와 벌들이 오다가 들르면 안락의자가 되어 폭풍 수다에 가세하고 싶기도 했겠다.

몸집이 커지면서 제 몸이 제 것이 아님을 알았을 텐데. 팔을 뻗기도 비좁은 비닐 집이 태어나면서부터 가지게 된 숙명이었음을 알고 얼마나 절망했을까. 무엇이 되겠다는 의지는 무모한 일이며, 옴짝달싹도 못하게 하는 현실에 순응할 수밖에 없음을, 속으로 얼마나 많이 들끓고 난 후에야 받아들였을까. 세상을 향해 손사래 한번 치지 못한 채 정해진 곳으로 발을 뻗고 부동자세로 평생을 살아야 하는 삶의 현장을 어떻게 견뎌냈을까. 미리 체념하는 법을 배우며 험난한 파고를 넘어왔을 터, 단정하게 뻗은 폼이 예사롭지 않아 자꾸 마음이 간다.

그래도 살아야 했으니 온 힘을 다해 수액을 빨아들여 허기를 채웠을 거다. 참 아픈 세월을 잘도 견뎌 날씬한 애호박이 되었다. 자유를 빼앗기고 수려한 용모를 얻었다. 파리도 미끄러질 듯한 매끈한 살결은 부러움의 대상이었겠다. 손발 묶인 채 견뎌낸 빛나는 훈장이다.

그러나 그것이 그의 영혼을 위로하지는 못했을 거다. 밤이면 가출한 영혼을 찾아 들판을 이리저리 내달렸을 게 뻔하다. 영혼이 빠져나간 자리는 움푹 팬 볼때기처럼 서늘한 그림자가 드리웠을 거다. 자기를 부정하고 얻은 가치가 얼마나 가슴 저미는 아픔이었을지. 영광의 순간에 또렷이 그려지는 나의 현재. 남의 옷을 걸친 듯 겉도는 이질감이 절정의 순간마다 찾아와 얼마나 맥 빠지게 했을지···.

오래전 여성의 삶도 비닐 집 안의 애호박 같았다. 숨죽여 살아온 지난 세월, 그래도 좋은 시절을 만나 상흔이 옅어져 가는데 안타깝게 요즘 들어 젠더 갈등이 심해지고 있다. 굵직한 선거가 있을 때마다 도마 위에 오르곤 하지만 그럭저럭 봉합되어왔는데 이번에는 심상찮다. 30대 젊은 남성 정치인이 젠더 갈등을 부추겨 인기를 얻고 있다. 남자가 오히려 억울한 세상이라 말한다. 과도하게 늘어난 여성의 지위가 남성을 소외시킨다며 여성가족부의 폐지를 주장한다. 남녀 모두가 각자의 편에서 서로에게 유리한 새 판을 짜느라 분주하다. 비닐 집 애호박처럼 어떤 그릇에 담기느냐에 따라 달라지는 운명을 그간 얼마나 많이 보아왔던가. 모두에게 절실한 이유가 여기에 있다. 사회적 합의를 거쳐 그럴듯한 그릇을 갖기까지는 꽤 오랜 시간이 걸리지 싶다.

남성이 외려 소외감을 느끼는 시대가 되었다 하더라도 지나온 여성의 삶에 견주랴. 생각해 보면 여성은 고장 난 지렛대에 의지해 살아야 했다. 권력을 독점한 남성은 참고 견디는 여성에게 열녀문이라는 얄팍하기 그지없는 훈장을 주고 다독였다. 비닐 집 애호박처럼 다소곳이 죽은 듯 살기를 바랐다. 자유를 담보로 얻은 수려한 용모는 허망하기 그지없었다. 대접받지 못한 영혼이 떠난 화려한 빈집은 허물어질 듯 조마조마했다. 그러나 나조차 주어진 그릇을 탓할 생각을 하지 못했다. 시혜 베풀 듯 머리를 쓰다듬어주면 그것에 홀려 미끈한 살결만 어루만졌다.

  남의 생을 사는 듯 불안했으나 아직도 내 안에는 수려한 용모를 포기하지 못하는 구석이 있다. 딸과 종종 충돌하는 것도 오랜 습관에서 헤어 나오지 못하는 이런 의식이 원인일 때가 많다. 딸의 혼사를 치르면서 갈등이 두드러졌다. 신부 혼주는 소리 없이 고개를 숙여야 할 것 같았다. 죽은 듯 있다가 신랑 측이 이끄는 대로 따르면 된다고 생각했다. 처음 겪는 일인데도 서 있어야 할 자리를 본능적으로 찾아들었다. 딸의 의견을 따르자니 뒤통수가 따갑고 내 의식의 체계를 따르자니 딸이 앵돌아앉았다. 예단, 폐백, 예식에 이르기까지 충돌 또 충돌이다.

  싱싱 장터에서, 자유로워 보이는 애호박을 만났다. 배에 오동통하니 살이 올랐다. 꼭지에 꾸덕꾸덕 눈물 자국이 있는 걸 보니 줄기와 이별한 지 얼마 안 되어 보였다. 엄마를 떠나 홀로 세상에 던져졌는데 호기심 많은 그것은 금방이라도 살갗을 박차고 터져 나올 기세다. 닿는 손이 튕겨 나갈 정도로 쫀득하고 탱글탱글한 살집. 한눈에도 호박이 걸어온 길이 훤히 보이는 듯하다.

 딸아이를 닮은 것 같아 자꾸 눈이 간다. 딸은 유독 여성에게 주어진 그릇의 부당함을 지적하는 데 예리하다. 맏며느리 노릇을 당연하게 여기는 엄마를 이해할 수 없다며 고개를 가로젓는다. 명절 때마다 시골을 오가면서 나보다 더 목소리를 높였다. 며느리 자리는 여인의 숙명을 강요하는 굴레일 뿐이란다. 그런 길을 걷고 있는 엄마를 안쓰러워하면서도 벗어나지 못하는 엄마를 답답해했다.

 살아온 세월을 어찌 뛰어넘을까. 아무리 말려도 살아온 시대를 거스르기는 쉬운 일이 아니다. 나의 세상은 기울어진 운동장을 안간힘으로 이해하며 살아야 했다. 부당함을 가슴에 품으면 앞으로 한 발자국도 내디딜 수 없었기에 주어진 그릇을 순순히 받아안을 수밖에 없었다면 궁색한 변명일까. 수시로 자주 불끈거렸지만, 급발진은 주변을 더욱 혼란케 할 뿐이라는 생각을 떨쳐내지 못하고 살아온 게 사실이다.

엄마는 떠밀리듯 살아왔지만 너는 너의 길을 당당하게 가길 바란다. 주어진 그릇이라고 덥석 잡지 말고 원하는 그릇을 스스로 선택하길 바란다. 아이가 걸어갈 미래가 어떤 그림을 완성할지 궁금하다. 시행착오는 있겠지만 그래도 배가 볼록한 애호박처럼 살아 꿈틀거리지 싶다.

 단단한 육즙이 금방이라도 터질 듯한 싱싱한 애호박을 그예 시장바구니에 담았다. 마치 딸아이의 미래를 한 아름 안아 든 것처럼 오지다.

기울다

 감각은 생각보다 훨씬 큰 능력치를 발휘한다. 멀리서 다가오는 아들의 그림자를 쫓다 보면 어느새 난 아들 곁에 있다. 차를 주차하고 엘리베이터를 탄다. 함께 탄 이웃에게 가벼운 눈인사도 잊지 않는다. 현관문이 열리고 아들의 목소리가 내게 닿는다.
 "엄마." 문 앞에 대기하고 있다가 품 넓게 끌어안는다. 기둥처럼 듬직한 아들이 한아름이다. 품이 좁아 안타까운 나는 더 크게 팔을 늘어뜨리며 몇 번이고 아들의 등을 쓰다듬는다.
 준비해 놓은 반찬이 활기를 찾는다. 뚝배기가 내 마음처럼 졸랑졸랑 소리를 내고 식탁엔 갓 무쳐낸 나물이 정갈하게 깔린다. 반질반질 윤이 나는 고기도 그득하게 내놓는다. 모처럼 찾아온 아들과 마주하는 식탁이 싱싱하다. 아들과 함께 있으면 손이 많이 가던 남편도 자연스레 어른이 된다. 햇빛 따라 기울이는 해바라기처럼 그의 기울기도 아들을 향한다. 밀려나는 기분이라며 볼멘소리도 하지만 그가 먼저 자리를 내어주고 무심한 듯 멀찍이서 아들의 시선을 쫓는다. 아들의 다부진 근육이 섬세한 젓가락질에 움찔거릴 때마다 눈꼬리까지 올라간 그의 입매가 은은한 초승달을 닮았다. 식탁에 둘러앉은 우리는 하나같이 흐뭇한 마음으로 푸근한 저녁을 맞는다.

아들이 구우면 고기 맛이 일품이다. 육즙을 품은 등심이 입안에서 사르르 녹아내린다. 부드럽기가 비단결이다. 고소함을 품은 고기가 끝을 보일 때까지 시선은 그도 나도 아들에게 붙박여 있다. 화려한 손놀림이 마치 예술의 경지에 이른 거 같다. 아들의 현란한 손놀림 자체가 작품이기도 하지만 내 안에서는 또 다른 그림이 완성되고 있다. 아들이 대상으로만 존재하지 않고 너울지는 꿈으로 온다. 다가가면 더욱 커지는 행복의 블랙홀이다. 기꺼이 빨려드는 형형색색의 혼돈. 가슴에는 묵직한 질감으로 조용히 들뜨고 있는 무지개가 뜬다. 대상이 나만의 작품이 되는 걸 보면서 행복은 느끼는 자의 몫임을 실감한다.

조건 없이 자식에게 기울어지는 현상은 수수께끼 같다. 같은 DNA를 가져서라고는 하지만 볼 수 없는 그것에 휘둘리는 것도 신기한 일이다. 물질의 조합이 정신을 지배하고 운명을 결정짓는다. 기울이는 곳에 따라 전혀 새로운 삶이 전개되기도 하니까 본능적인 이끌림은 자신의 운명을 결정짓는 신호라 해도 틀린 말이 아니다.

자식을 위해서라면 진자리도 마다하지 않는 것이 어미의 본능이다. 내가 죽어 아이가 산다면 기꺼이 나를 죽이는 것이 어미다. '달팽이가 바다 건널 걱정을 한다? 하지만 이 말도 안 되는 상황이 부모 자식 사이를 해석할 때는 아무런 거부감이 없다. 부모 자식 간에 흐르는 초월적인 힘을 인정하기 때문이다. 인지의 눈은 가치의 눈으로 바뀌어 귀한 것을 본능적으로 알아서 세상의 잣대를 무력화시킨다. 어미는 자식 앞에 서면 달팽이처럼 물불 안 가리는 용기가 샘솟는 것이다.

많은 사람이 더불어 살 수 있는 것은 기울기가 부모와 자식에만 한정되지 않고 영역을 넓혀 수시로 작동하기 때문이다. 같은 뜻을 가진 사람을 만나면 어깨가 비에 젖어도 받쳐 쓴 우산이 상대에게 저절로 기운다. 기운다는 것은 그를 이해하고 전폭적으로 지지한다는 의사표시다.

부부는 사랑으로 시작하여 동지애로 서로를 애무하고 남은 전우애로 산화한다. 어머니가 돌아가신 후 아버님은 홀로 농사를 지으신다. 아직 힘으로 못할 일이 없지만, 꼭 둘이 필요할 때가 있단다. 비닐을 덮을 때는 맞은쪽에서 누가 슬쩍 비닐 끝만 잡아줘도 좋겠는데 사람이 없단다. 네 귀퉁이를 돌며 겨우 자리를 잡아두고 한쪽을 흙에 묻으면 다른 쪽이 당겨와 자리를 이탈하는 것이다. 두 배의 수고가 아니라 그 이상의 품을 매야 겨우 비닐을 덮을 수 있다고 푸념하신다. 그림자 같던 짝이 곁에 있다면 일도 아닌 일이라 신산하고 가슴이 서걱거린다. 휑한 가슴에 주먹만 한 바람이 들락거려도 막아주는 짝이 없으니 늘 시린 채로 살아야 하는 게다. 자신만 바라보던 기울기가 사라진 걸 확인할 때마다 얼마나 헛헛할까.

 기울기는 슬픈 일에 쉽게 반응하는 특성이 있다. 연민이 사랑보다 더 무서운 것이 그러한 이유이다. 이성적 사랑은 감정의 극한이지만 연민은 사랑에 이성이 더해져 어쩌면 더 견고하다 하겠다. 더러운 게 정이라 읊조리는 것도 연민의 질긴 내성을 인정하기 때문이다. 잘못 들여놓은 길임을 알아채더라도 연민이 붙들면 빠져나오기가 쉽지 않다. 기울기는 본능적으로 연민에 작동하여 이성적 판단과 무관하게 몸이 벌써 다가가는 것이다. 그래서 세상은 아직도 희망이 있다. 작은 것, 소외된 것들에 반응하는 연민의 인자가 세상 이곳저곳에서 감지되기 때문이다.

 생면부지의 사람에게 선뜻 우산을 건네는 사람은 연민에 취약한 사람들이다. 굳이 마더 테레사 같은 성인이 아니라도 간간이 그들의 아름다운 삶이 매스컴을 탄다. 양심을 위해 최소한의 선행에 동참하기도 어려운데, 그들의 안부는 늘 주눅 들게 한다. 서 있는 위치를 돌아보게 하고 자책의 회초리가 마음을 다잡게 한다.

　마음밭을 넓혀 나가야겠다. 아들만 챙기던 여린 팔이나마 다급한 이에게 내어줘야겠다. 후미진 바람골에서 거센 바람을 맨몸으로 맞고 있을 누군가에게 시간과 마음을 기울일 일이다. 그를 위한 선행이 아니라 내가 건강하게 사는 길이다. 기울기에 따라 햇빛도 유감한지 빛을 더한다.

분홍 가락지

가락지가 버거운지 헐거운 살갗이 이리저리 떠밀려 다닌다. 진분홍 알반지가 마른 장작 같은 손가락을 만나 정착하지 못하고 빙글거린다. "걸리적거리지 않아요? 빼고 있지 그래." 엄마는 들은 척도 않고 가락지 낀 손을 감싸 안는다.

엄마의 기일이 얼마 남지 않아서인지 부쩍 엄마가 그립다. 핑크 뮬리처럼 부드럽게 몸을 감싸고 도는 아련한 엄마 품속. 종종걸음치는 엄마를 좇고 있는 어린 시절이 한 폭의 수채화처럼 눈앞에 펼쳐진다. 엄마가 남기고 간 반지라도 봐야겠다. 주인은 가고 없는데 분홍 가락지는 눈치 없이 영롱하다.

막내인 내게 엄마는 특별했다. 일곱 남매가 쭈르르 있었지만 엄마는 늘 내 차지였다. 그런데도 불안하여 엄마와 나 사이를 비집고 누군가가 끼어들까 봐 매의 눈으로 호위했다. 밤에도 파수꾼을 자청했다. 잠든 사이 어디론가 사라져버릴까 봐 주저앉는 눈꺼풀과 씨름을 했다. "어디 안 간다." 하는 엄마의 거짓말을 듣고서야 겨우 꿈나라에 들곤 했다. 어린 내게 엄마는 크나큰 우주였다. 보이는 것이 전부 엄마였으며 보듬어주는 우주 안에서 기죽지 않고 우쭐거렸다.

 엄마 바보인 나를 동네 어른들은 자주 놀려댔다. 다리 밑에서 주워왔다고도 하고 진짜 엄마가 잠시 맡기고 돈 벌러 갔다고도 했다. 어떤 이는 '비가 하염없이 내리는 날'로 시작하며 맘껏 살을 붙였다. 엄마가 차갑게 대할 때는 슬며시 의심이 들기도 했다. '혹 사실일지도.' 그럴수록 난 엄마 곁을 맴돌았다. 치맛자락을 놓지 못하고 꿈나라에 들면 꿈에서도 엄마를 찾아 헤매곤 했다.

 아버지와 다르게 엄마는 표현이 서툴렀다. 우주처럼 큰 사랑을 품었어도 그저 바라보고 서 있기만 했다. 가없는 사랑은 제 혼자 뒤척일 뿐 어찌할 바를 모르고 손만 비벼댔다. 어쩌다 나오는 말은 퉁명스럽기 그지없다. 자식들은 말할 줄 모르는 엄마가 불편해 뒷전에 두었다. 행동이 말보다 훨씬 따뜻한 줄 알면서도 촌스러운 엄마를 애써 외면했다.

 엄마는 자식들의 부당한 대우에도 묵묵히 자리를 지켰다. 일곱이나 되는 자식에게 난발처럼 뻗친 마음이 다가가지 못하고 주저앉을 때마다 내 마음도 베인 듯 아팠다. 웃을 때조차 속으로 흐르는 눈물이 하도 많아 내게도 흘러들었다. 엄마 바보라서 그토록 아프게 당신의 마음이 보였던 걸까.

빠듯한 시골 살림에 돈을 만들 수 있는 건 당신의 성실한 노동뿐이었다. 밭은 엄마의 시름과 보람이 뒤섞인 난전이었다. 진종일 밭과 함께했다. 풀을 뽑고 흙을 돋우며 곡식을 얼렸다. 모진 날씨에 한 알이라도 놓칠까 봐 눈을 떼지 못했다. 하늘을 치받고 우뚝 서는 그것들이 하루의 피로를 씻어주었다.

엄마는 풀과 씨름하면서 자식들의 학비와 용돈을 벌었다. 그러나 통 큰 오빠에게는 서푼에 불과하여 자주 부족한 액수를 시위하였다. 생명과도 같은 돈을 쭉쭉 찢어 하늘에 흩날리며 엄마의 수고를 조롱하였다. 나풀거리는 조각을 주워 담으며 엄마는 무슨 생각을 하였을까. 진저리 나는 엄마의 자리를 반납하고 싶지는 않았을까.

그러나 다음 날 또 엄마는 말간 얼굴로 밭에 나가 김을 맸다. 연줄 걸리듯 내걸린 등록금을 만들려면 어제의 일은 쓰레기통에 버릴 수밖에 없었으리라. 가슴에 품고는 한 발짝도 내디딜 수 없는 벼랑이었을 터, 무릎의 배반은 생각지도 못하고 그것에 의지해 벼랑 끝을 버텼다.

자식들로부터 놓여날 즈음, 무릎에 이상 신호가 왔다. 자식들 걱정에 잠을 설치곤 하였는데 무릎의 통증이 그 자리를 대신하려 들었다. 서둘러 병원으로 모셨다. 그러나 수술 후에도 통증은 나아지지 않았다. 몇 년을 근근이 버티다가 결국 병원으로 장기 입원을 했다. 이제 겨우 자식들 책임에서 놓여났는데 팽개쳐둔 몸이 아프다고 아우성을 쳤다. 돌아가실 때까지 병원 신세를 졌다. 말기에는 가락지를 만지작거리며 창밖을 바라보는 횟수가 많아졌다.

옹두리 같은 마디 사이로 가락지가 빙글빙글 돈다. 아래로 푹 내려앉으면 돌려세우느라 눈을 떼지 못한다. 하늘 향해 꼿꼿이 세워놓고 알사탕 같은 보석에 눈맞춤을 한다. 엄마의 눈은 희붐하게 빛나더니 유감한 눈빛이 내게 머문다. "큰언니? 그곳은 아픔이 없잖아." 말라가는 자기 육체보다 먼저 간 큰딸 때문에 더 아파하는 엄마를 시름없이 위로하곤 했다.

언니는 암과 싸우다가 14년을 버티고 먼저 떠났다. 어려운 시절이라 배움도 짧았다. 건조한 남편을 만나 서로가 어긋난 채로 외롭게 살았다. 가난을 견디며 허기지는 줄도 모르고 수직의 꿈만 꾸었다. 엄마는 언니를 떠올리며 고단한 자신을 자주 만나는 듯했다. 호수에 내려앉은 물안개처럼 조용히 스며들던 언니는 엄마를 쏙 빼닮았었다. 허리 한번 시원스레 펴보지 못하고 서둘러 접어버린 생이 자신의 운명을 닮아서인 것 같아 유독 언니를 못 잊어 했다.

생각이 깊은 언니는 어느 날 엄마 손가락에 이 알반지를 끼워주었다. 자세히 들여다보니 진분홍 보석에는 세 개의 흰색 선이 가로질러 있다. 미처 보지 못한 선이다. 중앙을 축으로 하여 시원스레 뻗어 있다. 빛의 각도에 따라 선명한 선이 어느 지점을 지나며 점차 옅어지더니 가뭇없이 사라진다. 블랙홀 같다. 엄마는 자주 그곳에서 언니를 만나는가 보다.

"니 언니는 얼매나 힘들었겠나." 다리 통증에 밤잠을 설친 날에는 더 오래 언니를 떠올렸다. 자식을 앞세운 아픔을 어찌 헤아리랴만 엄마는 가락지를 놓지 못하는 것으로 자신을 닮아 불행했던 딸에게 용서를 구하는 듯했다.

분홍 반지가 거슬린 건 엄마의 고단한 생이 더 두드러져 보여서였는데, 생각해 보니 언니는 화려한 장신구를 좋아했다. 귀걸이나 목걸이에 따라 맞춤한 것처럼 예쁜 얼굴이 더 빛났다. 분홍색은 아련한 기분을 준다. 시작하는 여린 것들에게나 어울리는 순수성이 있다. 분홍의 존재 자체가 신산한 현실을 잊게 하는 마력을 지녔음을 그때는 왜 몰랐을까. 분홍 반지로 엄마도 같은 위로를 받았으면 하는 큰딸의 깊은 속내가 이제야 읽힌다.

엄마도 떠나고 새 주인을 찾아 가락지가 내게로 왔다. 모처럼 가락지를 사이에 두고 세 모녀가 두런거린다. 엄마도 언니도 손을 내민다. 옹두리도 없고 쭉쭉 뻗은 손가락에 알반지가 얹힌다. 진분홍 알반지가 주인을 찾은 듯 편안하다. 내 얼굴에도 분홍 꽃물이 든다.

가을 속으로

낮게 내려앉은 햇살이 차창에 부딪혀 미끄럼을 탄다. 뭉근한 가을 햇살에서 은은한 아로마 향이 난다. 로즈메리였다가 라벤더였다가. 긴장한 어깨가 스르륵 낮아지고 고개가 절로 뒤로 기운다. 따스하다. 이내 있을 불편한 만남도 걱정이 없다. 넉넉한 가을 품에 이대로 안겨 까무룩 쪽잠이라도 자고 싶다.

차를 길 가장자리에 세워두고 창을 열었다. 바람이 가을의 무게를 더하고 있다. 요란한 여름 태풍이 목숨 걸고 덤비는 청년의 깡이라면 가을바람은 소슬소슬 뒷걸음치며 시나브로 스며드는 중년의 무게감이다. 맵찬 기운을 겹겹이 동여맨 싸늘한 공기 방울이 훅 살갗을 파고든다. 시작도 끝도 밋밋한 바람이지만 가을바람은 여름을 달군 그 눅진한 바람이 아니다. 침묵한 듯 보이나 겨울을 안내하는 게 전령사답다. 해가

가고 없으면 본성이 더할 테지. 오늘 밤에는 졸고 있던 대지를 맵게 깨우고 소리 없이 수많은 겨울 이야기를 풀어놓을 테다. 바짝 긴장하여 나도 덩달아 옷매무시를 가다듬는다. 밤이 오기 전에 대비를 서둘러야겠다.

가을은 나에게 가는 좁은 길이다. 격랑 일던 여름을 질펀하게 즐기다가 나에게 머무는 시간이다. 찬 기운에 바짝 정신이 들고 서 있는 위치가 어디인지 가늠하기 시작한다. 나뭇잎이 옷을 갈아입고 낙엽 되어 후둑후둑 떨어지면 잊고 산 지난날을 되짚어가며 손익계산서를 두드린다. 긴 호흡으로 숨 고르기를 해도 조급한 마음이 일렁일렁 손끝에 머문다.

그런데 가을은 낯익을 만하면 홀연히 떠나고 없다. 차가운 바람을 대동하고 치맛자락을 날리는가 하면 어느새 여름에 쓸리거나 겨울에 묻혀버린다. 가을이 오는 조짐에 잔뜩 부풀었는데 이번에도 그럴 모양이다. 겨울이 오는 길목에서 한나절 삐죽 고개를 내밀었을 뿐. 간이역처럼 오고 가는 이가 당황하지 않게 손잡아 주고 슬며시 사라지는 것이 제 운명이기라도 한 듯. 벌써 아련하다.

그것이 머물러야 마침표를 찍을 일이 많은데 소리 소문 없이 가버리면 어쩌란 말인지. 언제부턴가 매듭짓지 못하고 쉼표를 달고 주위를 맴도는 일이 많아졌다. 홀연히 사라진 가을 핑계를 대고 매번 다음 가을에 미뤄둔 탓이다. 그것은 자꾸 덜미를 잡고 늘어지는 고약한 버릇이 있다. 서둘러 나와버린 찝찝함이 다음 일 년을 괴롭히곤 할 텐데 걱정이다. 이번에는 단단히 마음을 먹어본다. 대충 얼버무려서라도 이름표를 달아 줘야겠다.

꿈을 현실로 만드는 매듭이 가을에 숨어 있어 다행인가. 매듭을 푸는 것은 가을이 가져오는 열쇠로만 열린다. 그런데 열심히 다듬어 온 열쇠가 어긋나는 꿈을 자주 꾼다. 이 매듭을 풀어야 닿고자 하는 곳이 가까워지는데, 어긋난 채 힘만 빼는 얄궂은 장면. 켜켜이 쌓아온 지난날이 의미 없는 순간이라니. 궤도 수정은 밑그림부터 다시 해야 하는데 낭패가 아닌가. 번번이 떠나버린 가을 때문이라고 어깃장을 놓곤 했다. 그래도 젊을 때는 어디서부터인들 거뜬했다. 반복하다 보니 습관이 되어 가을에 무감한 채 들떠 살아도 문제가 되지 않았다. 시간도 힘도 그득하여 그 길 위에서 꿈을 꾸고 생을 재단해도 자신 있었다. 당장 다가올 겨울을 걱정하지 않아도 바로잡을 힘이 샘솟았으니까. 언제부턴가 겨울 문턱에 다다르면 이렇게 얼버무린 시간이 아쉬워 불면의 밤을 보낸다.

올해는 다행히 튼실한 열매가 열렸다. 딸이 짝을 만나 힘찬 출발선에 있다. 단단한 디딤돌 노릇도 즐거이 하며 딸을 응원해주는 호사도 누린다. 딸이 매 순간 함께할 짝을 만났으니 이보다 기쁜 일이 또 있을까. 같은 크기의 기쁨과 슬픔이라도 느끼는 강도는 기쁨에 비해 슬픔이 칠 할이 넘는다고 하니 혼자 감당하기에 세상은 녹록지 않은 게 사실이다. 기꺼이 서로의 어깨가 되고 그 어깨에 기대어 아픈 순간을 잘 이겨내길 소망한다.

잊지 못할 경험도 했다. 마음이 바빠 이곳저곳으로 내달릴 때 뜬금없이 찾아온 문장과 낱말들의 향연, 한없이 쏟아지는 시상과 쓸거리들. 눈을 뜨면 달려오는 문장을 붙잡느라 핸드폰을 켜곤 했다. 새벽에 눈을 떠 신내림을 받은 듯 받아 적으며 행복해했던 지난 몇 개월. '나에게도 이런 날이 오는구나!' 하며 들떠 살았다. 모처럼 쏟아지는 단비를 온몸으로 받을 때처럼 글쓰기가 후련하고 즐거웠다. 글이 내 안에 깊숙이 파고들 때마다 속에서 뭔가가 자꾸 차올랐다.

한 해 한 해 가을에 집착하다 보니 내 인생도 어느새 가을이다. 쪼그라든 결산서가 가을이 가져다준 비보라 우기며 안달했던 지난날. 이제는 손익계산서에 마이너스가 선명해도 돌아보지 않으리라. 남은 날의 찬란함보다 보낸 날이 아쉬워 미련하게 굴었던 지난가을은 모두 잊으리라.

갈대가 바람을 밀어내지 않듯 오는 세월에 몸을 맡기고 훠이훠이 나부끼듯 살고 싶다. 세월 따라 나부끼다 보면 한 번도 경험하지 못한 재미가 의외의 곳에서 숨은 그림처럼 기다리고 있을지 또 누가 알겠는가.

새벽길

 이른 새벽인데 슬그머니 나가시는 아버님. '별일 없겠지' 하다가도 걱정이다. 선잠이 들락거리고 있는데, 다행히 얼마 안 되어 기척이 들린다. 드르륵, 문 여닫는 소리와 함께 이내 코 골이가 요란하다. 한 시간 남짓 지났을까. 기계처럼 일어나 또 장화를 신는다. 아버님의 시계는 다시 한낮이다.
 아버님이 밤잠 설치는 데는 이상기온 탓이 크다. 마른장마에 물길이 걱정이었다. 논도 타고 아버님 마음도 타닥타닥 타들어가는데 한낮에는 발만 동동 구를 뿐 할 수 있는 게 없다. 태양의 열기가 얼마나 대단한지 그것에 노출되면 풀 숙은 파김치가 된다. 숨이 턱턱 막혀오고 햇빛의 현란한 퍼포먼스를 받아내지 못하는 아버님의 살갗은 거뭇한 반점을 우후죽순 만들어대었다.
 아버님은 궁리 끝에 새벽길을 열었다. 마침 달빛이 좋아 시원찮은 시력도 문제되지 않았다. 물길을 만드느라 자주 하늘로 올라간 곡괭이는 달의 초래기를 베어 물었다. 은은한 달빛을 묻혀온 곡괭이는 다시 땅으로 내리꽂혔다. 곡괭이로 땅을 흔들고 삽으로 흙을 퍼내고. 그러기를 수차례 반복하니 논으로 가는 길이 열렸다. 조붓한 길이 물을 만나니 더 큰 물길이 된다. 양수기의 도움으로 잠겨 있던 얕은 웅덩이 물이 제 길을 찾은 듯 분주하다. 서둘러 논으로 달려가는 광경은 한 폭의 그림이다. 갈라진 논에 스며드는 물을 보고 있노라니 자식 입에 밥 들어가는 것만큼이나 흐뭇하다.

 한참을 눈을 떼지 못하다가 아버님은 뒷걸음질 치듯 이제는 밭으로 향한다. 깨를 괴롭히던 질긴 풀들이 아버님 낫에 잘려 나간다. 쏟아질 것 같은 참깨를 조심히 베어 가지런히 뉘었다. 새끼들 떨굴까 봐 불안하던 벙근 깻단도 허술한 집이나마 잠시 얼러두는 데 성공했다. 갈라진 논에 물길도 열고 불안한 깻단도 잠재웠으니 이제는 안심이다. 달빛을 동무 삼아 열 일한 농부의 가슴에 두둥실 큰 달이 떴다.

 86세, 아버님은 건장한 청년이다. 가늘어 보이나 근육으로 채워진 팔이며 다리. 자식들과 일을 시작하면 아들의 허리는 절반도 버티지 못하고 하늘 올려다보기 바쁜데, 아버님은 지친 기색 하나 없다. 다부진 허리는 하루를 버티고도 남을 듯

곧다. 무안한 아들이 당신 걱정하는 투로 한마디 던지면 지난 시절이 쏟아진다. "간척지를 개간할 때는 맬여, 얼매나 추운지 동상을 달고 살았제." 비켜갈 방법이 없다. 애면글면 아버님 뒤를 따르다가 집에 돌아와 삼 일 밤낮을 앓더라도 무조건 직진이다.

아버님은 시골에서 나고 농사로 생을 꾸렸다. 한눈판 적 없이 들과 밀어를 나눴다. 고비가 왜 없었을까. 대도시로 나갔던 친구들의 금의환향이 마냥 좋기만 했을까. 도시로 나가 가정을 꾸린 동생들이 "형은 부모 그늘에서 호강하지 않았냐."고 대드는 역설에는 또 얼마나 맘이 시렸을까. 쳇바퀴 도는 다람쥐 신세가 답답하여 박차고 나가고 싶은 적이 한두 번이 아니었으나 장남이라는 올무에 번번이 주저앉고 만 속사정을 그들은 알 리가 없다.

덕분에 융통성 있는 도회 생활을 알지 못한다. 네 것이 내 것이 되기도 하는 형이상학적 셈법을 모르고도 불편하지 않았다. 상식적인 수학 공식이 그의 인생을 지배했고 그것으로 해석되지 않는 것은 여전히 아무리 설명해도 받아들이지 못하는 답답한 구석도 있다. 가끔 남편이 긴 한숨을 쉬는 것도 오랜 세월 아버님의 삶이 만든 궤적 때문이다. 누구의 잘잘못이 아니라 그가 건너온 세월의 지문 같은 거다. 남편도 몇 번의 갈

등 끝에 그를 만든 환경을 탓하는 어리석음은 범하지 않는다. 영원히 평행선을 달릴지 모르나 부자지간에는 그래도 지름길이 있다. 어쩌지 못하는 구석까지도 인정하고 서로의 일부임을 확인하는 지점에 난 좁으나 선명한 길.

 게다가 한 해 한 해 살 때는 몰랐는데 세월이 묵어 역사가 되니 생각이 많이 바뀌기도 한다. 답답하던 아버님의 농사꾼 기질은 아집이 아니라 장인의 고집으로 비친다. 단순함을 넘어 순정한 사랑이 몸 이곳저곳에 배어 있다. 말이 아니라 몸으로 더 선명하게 전달되는 커다란 울림이다. 변함없는 그곳에서 여전히 들춤을 추고 있으리라는 믿음, 그것은 모진 바람에도 흔들릴 수 없는 명분이 된다. 끝내 그 길 위에 서 있게 하는 힘이고 위로다.

 "쌀 한 톨이 되려면 여든여덟 번의 보살핌이 필요한 겨." 그저 주어지는 것은 없다고 틈만 나면 강조하신다. 몸을 움직이지 않으면 돌아오는 것도 없음을 진리로 알기에 달빛 아래서 쉬지 않고 들춤을 출 수 있는 게다. 고단하지만 후련한 뒷일이 오늘도 아버님의 걸음을 들로 향하게 재촉하나 보다.

 "내가 얼마를 더 살지 모르겠으나 땅이 놀고 있는 꼴은 참말로 못 보겠구먼." 잡초 우거진 채 땅이 제 할 일을 잃고 늙어가게 내버려 두지는 않을 모양이다. 아버님의 세상이 계속되는 한 아버님의 땅도 그득한 알곡을 품어 기세등등하게 세상을 호령하지 싶다.

품위 있는 여인

 아침부터 이유 없이 불안했다. 불청객을 떨치려 자신과 싸우고 있는데 시고모로부터 전화가 왔다. 모깃소리로 한동안 울먹이더니 "은아 에미야, 언니가 췌장암 말기랜다." 멀쩡하던 분이 겨우 4개월밖에 살 수 없다는 전갈! 사실일 리가 없다.
 익숙한 것들과 이별하라는 하늘의 명령은 지엄했다. 항암치료도 무의미하다는 의사의 말은 자식들을 죄인으로 만들었다. 살피지 못한 죄책감이 하늘에 대한 원망도 잦아들게 했다. 서둘러 큰 병원으로 갔지만 같은 진단을 받았다. 집으로 돌아오는데 어머니와 눈을 마주할 수 없다. 곧 떠난다는 어머니를 위로할 마땅한 말을 찾느라 머리를 쥐어짰다. 어떤 문장을 떠올려보아도 언어는 속 빈 강정처럼 허술했다. 불쑥 튀어 나온 말이 "어머니, 전복죽이 나을까요? 잣죽이 나을까요?"라니. 어이가 없다.

그때부터 우리의 연기는 시작되었다. 진실은 때로는 그 자체가 무기가 되었다. 입에 올리는 순간 칼날처럼 날카로워 당사자의 가슴에 생채기를 내었다. "어머니, 이거 드셔야 회복이 빨라요. 많이 먹고 얼른 일어나셔야지요." 아보카도를 요거트에 잘게 다져 떠먹이면서 어머니께 거짓말을 했다. 잠시나마 암덩이가 사라질 것 같은 착각이 들기도 했다. "맞다. 먹어야 낫지." 모래알 같은 그것을 넙죽 받아먹으며 어머니도 능청스럽게 거짓말을 이어갔다. 어머니께 허락된 시간이 얼마 남지 않은 사실을 마주할 용기가 없는 우리는 이렇게라도 하루하루를 버텨야 했다.

그 후로 주말마다 어머니를 뵈러 간다. 처음에는 항암치료를 해야 하나 말아야 하나 고민이 많았다. 의사도 권하지 않았다. 본인의 처지를 알고 나니 어머니도 머뭇거렸다. 그래도 두 손 놓고 있을 수는 없었다. 어머니의 시간은 가속도가 붙어 허무하게 사라져갈 텐데. 가장 약한 것으로라도 시작하여 조금이라도 더 어머니를 붙잡아두고 싶었다.

내게 어머니는 그냥 엄마다. 시어머니란 단어는 어울리지 않는다. 그렇게 서로 많은 정을 주고받았다. '부처님 가운데 토막', 어머니를 소개할 때마다 즐겨 쓰는 수식어이다. 천성이 착한 어머니는 맏며느리로 시집와 평생을 시부모 모시고 남편의 일곱 남매와 함께 살았다. 큰아들보다 한 살 많은 시누이를 같이 키워야 했다. 빠듯한 살림인지라 더더욱 내 자식만 품으며 살 수 없었다. 다섯 아들을 합하여 대가족의 입을 책임져야 했다. 알아서 스스로 뒷전으로 나 앉는 큰아들이 안쓰러워 어느 날 몰래 삶은 계란을 먹이려다 들키고 말았다. 덕분에 서슬 퍼런 시어머니께 혼쭐이 난 얘기는 두고두고 하셨다. 그렇게 어머니는 가난한 현대사 한복판을 위태롭게 건너왔다.

시집온 지 오십 해를 훌쩍 넘긴 어느 날 할머니가 돌아가셨다. 할머니의 아들딸보다 더 서럽게 울었다. 여러 달이 지나고 서서히 기운을 차렸다. 울타리가 되어주던 분을 먼저 보낸 허전함이야 이루 말할 수 없겠으나 남편과 단둘이 살 앞날에 대한 기대 또한 컸으리라.

어느 날부터 어머니의 새로운 인생이 시작되었다. 군식구들 모두 떠나보내고 칠십이 넘어서야 겨우 맛보는 남편과의 오붓한 생활이다. 내심 얼마나 설레었을까. 그러고 보면 어머니의 얼굴은 늘 엷은 홍조를 띠곤 했던 것 같다. 홀가분하게 나들이도 다니면서 시간을 알차게 보냈다. 한글학교에 등록도 했다. 언감생심 이런 날이 올 줄 꿈에도 몰랐다며 의욕에 찼다. 3년을 우등생으로 다니고는 자신의 마음을 글로 표현할 수 있게 되었다. 마음을 담아 자식들에게 편지를 보내 우리를 감동시켰다. 한 글자 한 글자 꾹꾹 눌러쓴 어머니의 편지는 사랑이었다. 그 후로도 어머니의 이야기는 멈추지 않았다. 자신의 이야기를 글로 옮겨 쓰기 시작하였다. "무식한 나 같은 사람도 감정이 솟구치더라. 여섯 살 때 돌아가신 울 엄마 얘기를 쓰려니까 눈물이 앞을 가려 쓸 수가 있어야지." 세 살 된 동생을 죽어가면서도 끌어안고 젖을 물리던 그녀의 엄마 이야기를 몇 번의 시도 끝에 겨우 완성하였단다. 여러 편에 걸친 그녀의 인생 이야기는 당신이 떠난 후 풀어보라며 꽁꽁 숨겨두고 내놓지를 아니했다.

"어머니를 보내고 이제 우리 부부가 멋지게 살아보려 하는데 허리가 너무 구부러져서 남편 보기가 미안하다." 그녀가 쓴 글 중 일부이다. 어머니는 남을 원망할 줄을 모른다. 자신의 부족함만 책망하신다. 그 허리로 돈을 만들고 밥을 만들었다. 자식들의 등록금이 되고 방세가 되었다. 그런데도 어머니는 지금도 미안하단다.

어머니는 허물보다 칭찬거리만 보는 신기한 눈이 있다. 결혼한 지 한 달 만에 병원 신세를 졌고 일 년 만에 대수술을 받은 며느리인 내가 무에 그리 예뻤을까! 평생 약에 의존해 살아야 하는 사실을 알고 원망도 할 법한데 종종걸음 치는 며느리가 불안한지 쉬었다 나오라며 뜨끈한 아랫목으로 밀어 넣곤 했다. 그때는 왜 그리도 할 일이 많았는지. 일거리가 차고 넘쳤다. 층층시하 종부는 자리에 앉아 있으면 안 되었다. 그런데도 귀신같이 나의 상태를 알아차렸다. 피곤한 기색만 보이면 누웠다 나오라며 부엌에서 내쫓았다. 다행히 건강은 회복되어 맏이 역할을 거뜬히 해낼 수 있게 되었다. 꾀부리지 않는 며느리가 고마운지 늘 며느리가 대견하단다. 어려움 너끈히 극복하고 잘 살아줘서 고맙고 오히려 힘들 때 살피지 못한 당신이 아둔했단다.

어머니는 언제부터인가 나의 거울이 되었다. 다른 사람들이 서운하게 하면 원망도 하다가 이내 마음을 돌린다. 어머니는 어떤 마음으로 이 문제를 해결하였을지 헤아려 보는 버릇이 생겼다. 그러면 서서히 길이 보이고 마음 문이 열린다.

남의 허물을 들추어 내 기쁨으로 삼은 적 없는 그런 어머니가 생각보다 이른 때에 하늘의 부름을 받게 되었다. 병세는 갈수록 악화되어 지금은 아무것도 입에 넣지 못한다. 그러나 주말이면 난 어머니가 먹지도 못하는 찬을 만드느라 분주하다. 어머니와 함께 잘 차린 음식을 마주한다. 뱉어낼 것을 알면서도 한입 넣으며 이런다. "아주 맛나다. 짭조름하니 간이 잘 배었구나." "어쩜 이렇게 뚝딱 음식도 잘하니!" 눈으로만

드시면서 연신 칭찬 세례다. 어머니는 밥보다 더 배부른 사랑을 음미하는 중인가 보다. 그 사랑 흔들어도 줄어들지 않을 만큼 가슴속에 차곡차곡 쌓고 또 쌓길 바란다. 바라보는 내 마음도 봄날처럼 가뿐하다.

"야야, 무식한 시어미 무시하지 않아서 고마워." 많이 배운 며느리가 부담스러울 때면 어머니가 입에 올리는 말이다. 이런 말을 들을 때마다 얼굴이 화끈거린다. 어머니만큼 품위 있는 여인을 보지 못하였는데 말이다. 지식은 누구나 시간을 들이면 얻을 수 있지만 품위를 지키는 건 자신을 이기는 힘이 있어야 가능한 일이다. 타고난 마음 밭이 고와야 하고 두루 살피는 너른 마음이 있어야 가질 수 있는 것이다.

찬바람이 이니 유난히 추워하신다. 두툼한 외투를 열어 꼭 안아주었다. 며칠 새 부쩍 살을 내리더니 몸집이 어린아이처럼 작아졌다. 진이 빠져 바스락거리는 어머니의 잔뼈들이 내 품에서 부딪힌다. 얇은 팔로 어머니도 힘껏 나를 안아준다. 내 곁을 떠날 날이 언제일지 모르겠으나 이승에 머무는 동안만이라도 부디 지금처럼 따스하길 바란다.

그곳에는

 고향이란 원형의 그리움이 잠자는 요람이 아닐까. 그렇다고 고향을 단순히 '보고 싶어 애타는 마음'이라는 그리움의 사전적 의미로는 설명할 수 없다. 애타는 마음에는 몇 곱절의 간절함이 내재해 있지만 고향의 이미지에는 '애타는'에 밴 강렬한 붉은색이 떠오르지 않기 때문이다. '애타다', '간절하다'의 질감은 강렬한 원색이 어울리지만, 고향과 원색의 조합은 어쩐지 낯설지 아니한가.
 이유가 무엇일까. 고향은 떠나버려서 아련하고 그립지만 닿을 수 없는 곳. 원색의 단순함으로는 도저히 설명할 수 없는 다면의 실체라 그러한가. 그리움이 아련함에 녹아 저 너머의 세상처럼 아득하여 모호한 회색의 질감으로 거듭나서 그러한가.
 돌아갈 수 없는 시절이 고여 있어 이토록 그리운가 보다.

엄마 젖가슴을 만지며 잠들던 유년의 내가 있고 젊은 엄마가 있는 곳. 총총한 시간을 함께했던 친구가 있는 그곳은 텅 비었으되 꽉 찬 세상이다. 고향은 생각만 해도 긴 겨울밤 항아리 속에 쟁여둔 홍시를 꺼내먹듯 입안이 달다.

무엇이든 처음 접한 것에 대한 각인은 무서울 정도다. 첫 경험은 뒤따르는 모든 경험을 압도한다. 설사 잘못 입력된 기억이라도 바로잡기까지 얼마나 많은 시간과 노력을 요구하던가. 지워지지 않는 첫 경험의 성지이기에 우리는 그토록 그곳에서 벗어나지 못하는가 보다.

내 정서의 원천은 고향에서 비롯되었다. 색깔로 치자면 엷은 회색이다. 집 앞에 커다란 '좌이산'이 있었다. 눈을 뜨면 산허리를 둘러싸고 차오르는 포근한 훈김을 마주하며 자랐다. 이제 막 김을 내보내기 시작한 밥솥의 눈물 같은 연회색. 흰색도 아니고 검정은 더더욱 아닌, 잡힐 듯 잡히지 않는 아련한 안개 속 같은 엷은 회색이 그때부터 내 안에 자리했다. 잠이 들락 말락 하는 순간에 은은히 퍼지던 엄마의 사상가 같은 엷은 회색은 사는 내내 마음을 안정시켜주는 진정제였다. 뒤처질까 마음이 조급할 때 워워 쉬어가라 청하는 것도 엷은 회색이었다. 좌이산을 감싸던 은막의 위로가 잰걸음을 고쳐 세우곤 했다.

들에 나갔다가 돌아올 저녁 무렵 굴뚝마다 피어오르던 연기도 엷은 회색이었다. 윗집 은아네 굴뚝에서 모락모락 연기가 오르면 그때부터 마음이 부풀기 시작했다. 먼저 시작한 굴뚝은 다른 굴뚝을 불렀고 동네는 하얀 연기를 수없이 피워 올렸다. 고단한 몸이 안식하던 집은 엷은 회색의 아늑함에 감싸여 평화로웠다.

어쩌다가 해가 이울기도 전에 뒷집 굴뚝이 기침을 하면 마음이 조급했다. 방앗간에 떡 하러 온 손님들로 우리 집은 저녁까지 분주했다. 엄마는 떡을 만드느라 밥때를 넘기기 일쑤였다. 엄마가 돌아와야 우리 굴뚝도 엷은 회색의 평화에 동참할 수 있을 텐데, 저녁 무렵 찾아오는 손님이 방해꾼 같아 눈을 흘기기도 참 많이 했다. 몸뻬에 묻은 쌀가루를 털어내는 엄마의 소리가 들리면 마음은 벌써 굴뚝으로 향했다. 아슴아슴 피어오르는 연회색 뭉게구름에 행복이 주렁주렁 매달릴 상상에 벌써 배가 불러왔다. 엷은 회색은 엄마의 눈빛이고 사랑이고 포만감이고 행복이었다.

헤살거리는 시냇물 소리에도 은빛 내음이 났다. 학교를 가려면 고개 하나는 넘어야 하는데 고개를 넘어서면 계곡에서 흘러온 시냇물이 작은 바윗돌에 부딪혀 주춤거렸다. 그럴 때마다 은빛 물살이 튀어 올라 바위를 찰싹거렸다. 바윗돌을 들깨우는 정겨운 소리에 소곤대는 친구들이 생각났다. 어제 헤어진 친구가 벌써 그립고 그들과 시냇물처럼 속살거리고 싶어 마음이 발걸음을 앞질러 달려가곤 했다. 은회색 서리가 주단처럼 깔려 있어 겅중겅중 뛰어도 숨차지 않았다.

집으로 돌아오는 길에 얼음을 깨고 결 고운 봄물이 졸랑졸랑 흐르는 시냇가에서 시간을 잊고 물장구를 쳤다. 봄맛을 원없이 들려주겠노라 벼르는 당찬 시냇물 소리에 문득 아득해지곤 했다. 눈앞에서 흐르는데 소리는 재 너머 교회에서 나는 종소리처럼 은은함이 배어 있었다. 낭랑한 종소리가 아직도 꿈결에서 들리는 걸 보면서 그곳의 힘이 얼마나 센지 새삼 놀라곤 한다.

정의가 힘을 잃고 반칙이 기세가 좋을 때 불끈거리는 마음이 진정되지 않았다. 그럴 때마다 앞산의 지엄함이 앞서는 다리를 붙들어 주었다. 자연의 순리를 몸소 보여주는 그것은 들끓는 마음을 연회색으로 숙성시켰다. 사는 내내 시선을 먼 곳에 두는 법을 일러주었나.

그런데 얼마 전에 생각만 해도 포근한 엄마 품 같은 고향집이 날아갈 뻔했다. 부모님이 돌아가시고 집은 덩그러니 혼자 남았다. 나와 언니 오빠는 타향살이가 오래되어 돌아갈 수 없었고 집은 주인을 잃고 시름시름 앓았다. 몇 해 전에는 강풍에 머리가 벗겨져 민망하게 낡은 속살을 드러내었다. 얼기설기 속곳을 입힌 후 기와를 올리면서 큰오빠의 한숨이 깊어졌다. 이대로 놔둘 수도 없지만 그렇다고 하던 일을 접고 집을 옮겨올 수도 없어 그 후로도 오랫동안 홀로 버려두었다. 갈수록 인적이 끊겨 나뒹구는 감잎 몇몇이 졸고 있는 집을 깨우는 게 고작이었다.

사철 내내 꽃으로 수놓았던 화려한 화단도 초라하기 그지없다. 터줏대감 감나무가 우뚝 선 아빠의 화단에는 봄이면 목련과 작약을 시작으로 수국이 함박웃음을 터트렸다. 때 없이 웃는 습관을 그것들로부터 배웠는지 속으로 애가 탈 때도 해맑아 좋다는 얘기를 자주 듣는다. 팔손이 그늘 밑에서 소리 없이 핀 백합이 하도 예뻐 넋 놓고 들여다보곤 했다. 도톰한 아기 귓불 같은 꽃잎을 만지작거리며 단내를 찾아 킁킁거렸다. 무심한 듯 보이나 한없이 너그러운 엄마의 손길을 그윽한 백합에서 더듬곤 했다.

울타리로 둘러친 탱자나무 우듬지는 싱그러웠다. 둔탁한 잎과 빽빽이 들어찬 가시가 냉엄함을 과시했다. 이파리가 초록 그늘을 만들고 그 속으로 숨어 열린 샛노란 탱자가 점점이 박혀 있었다. 가을이면 시큼털털한 향기가 훅 내 코를 스치는 것도 그때 우리 집 탱자의 기운에서 벗어나지 못하기 때문이다.

그예 집을 처분하겠다는 소리가 들려왔다. 가슴이 철렁 내려앉았다. 형제들도 같은 마음이었는지 집을 구하려는 저마다의 방법을 찾아 바쁘게 움직였다. 시장 물건으로 취급받던 며칠간의 치욕을 겪었지만 집은 그대로 우리 곁에 돌아왔다. 우여곡절 끝에 막내오빠가 사들여 새로 단장하기로 했다. 마당을 넓혀 너른 잔디밭을 꾸밀 생각인가 보다. 안타깝게도 화단 오른쪽으로 우물이 있고 그 위로 장독대가 있는데 잔디밭에 밀려나 사라질 운명이다.

볕 좋은 날에 우물보다 두 계단은 족히 높은 장독대에 앉아 있기를 좋아했는데, 배흘림기둥처럼 볼록한 항아리는 햇살을 좋아했다. 뚜껑을 열어 놓으면 간장이 햇살에 살을 비비는지 '뽀로롱 뽀롤' 하는 소리를 내었다. 수다스런 간장이 내 성급한 몸짓에 놀라 입을 다물어버릴까 봐 애가 탔다. 살포시 다가가 귀를 대고 앉아 있곤 했던 내 유년의 시간도 이제는 그리움으로만 남게 되었다. 그래도 나를 성장시킨 정서의 구할이 머무는 고향 집이 살아남아 다행이다.

엷은 은회색 연기가 하늘 위를 하늘거리고 왁자한 웃음소리가 연기와 뒤섞여 진해졌다가 사라지기를 반복하고 있다. 그것을 잡으려 애쓰는 한 아이의 눈빛이 때없이 빛난다.

느리게 걷기

'주문 완료' 이제부터 기다림의 시간이다. 그것이 내 손에 들어올 때까지 설레는 나날이 이어질 테다. 일찍 오면 빨리 봐서 좋고 늦으면 또 오래도록 기다리는 즐거움을 만끽하니 좋다.

뜻밖에 택배가 모호한 지난 시절의 감성을 일깨운다. 옛날에는 편지를 보내고 답장을 받기까지 열흘은 족히 걸렸다. 빨라야 열흘이지 함흥차사일 때도 많았다. 편지가 상대에게 도착은 했는지, 받고도 무슨 사정이 있어 답장을 못하는 건 아닌지 애달아했다.

배달 아저씨의 자전거 소리에 본능적으로 귀를 쫑긋거렸다. 매번 실망하여 돌아서면서도 하마 '오늘은', 하면서 신작로를 향해 긴 목을 빼곤 했다. 생각해 보면 보이지 않아 답답하긴 했으나 일상에 설렘이 실핏줄처럼 깔려 있던 시절이었다. 원하는 대로 상상의 나래를 펼치는 것도 좋았다. 멀리서 동생 선물 고르느라 눈과 손이 바쁜 언니, '막내가 보고 싶어 내일은 기차를 탈 생각이야.'라고 쓴 오빠의 편지를 상상하는 건 무료한 일상을 더없이 풍요롭게 했다.

가끔 상상한 장면이 재현되기도 했다. 어느 날, 학교 갔다가 집에 오니 누런 포장지에 싸인 소포가 대청마루에 놓여 있었다. 받는 이가 나인 것을 확인하고 나니 가슴이 방망이질을 해대었다. 선물을 감싸고 있는 누런 포장지가 하얀 도화지보다 더 반들거렸다. 조심조심 열어보니 빨간 털모자와 52색 왕자 크레파스가 가지런히 놓여 있다. 털모자의 부드러운 감촉이 온몸을 감싸고 들었다. 부드러운 언니의 살갗이 내게 닿는 것 같았다. 52색이라니, 가지 수만으로도 친구들의 부러움을 사기에 충분했다. 행복했던 순간을 생각하면 아직도 제일 먼저 떠오르는 보물 같은 장면이다.

그 시절에는 오고 가는 거리가 멀어 닿기까지 하세월이 걸려도 답장을 받지 못하여 불행하거나 우울하지 않았다. 언젠가는 올 것을 알기에 기다리는 시간조차 은근한 즐거움이었다. 기다림이 길어지면 그리움이 되어 더 진한 기쁨을 주었다. 때론 쓰릴 때도 있지만 여러 빛깔로 채색된 모호한 기분에 젖을 수 있는 것은 그 시절이 주는 알진 선물이었다.

막내인 나는 동기간이 많았지만 외롭게 혼자 컸다. 언니 오빠들은 일찌감치 대처로 나가 학교를 다녔다. 직장을 잡으면서는 아예 터전을 옮겨갔다. 어쩌다 내려온다는 소식이 오면 그날부터 버스 정류장에서 눈을 떼지 못했다. 해거름이 돼서야 불 밝힌 버스가 개선장군처럼 등장했고 버스는 그리운 사람들을 돌려주었다. 보고 싶은 이를 선물처럼 데려오는 버스가 고마워 꽁무니에 대고 몇 번이나 고개를 숙였던 것 같다.

세상은 참으로 빠르게 변해왔다. 보고 싶으면 손바닥만 한 기기 하나만 움직이면 된다. 지구 반대편에 있어도 가볍게 그의 일상에 동참할 수 있다. 언제든 그를 내 곁에 불러들일 수 있는 세상이다 보니 미련이니 아련함 따위의 정서와는 점점 멀어져 간다. 닿지 않는 곳이 없으니 기다릴 일도 없게 되면서 기다림이 일상이던 시절의 풍류도 기기의 출현과 함께 자취를 감추었다.

시절을 좇아 사람들의 성격도 많이 변했다. 볼 수 없는 것을 위해 아껴둘 마음은 없다. 이율배반의 이면이 있다는 것도 알지만 보이지 않는 것까지 헤아리고 싶지 않아서다. 꺼림칙하지만 무시하고 넘어가야 다음 단계로 나아갈 수 있으니 이해는 된다. 다양한 경우의 수를 헤아리다가는 그 자리에서 제자리걸음만 하게 되니 이것일까 저것일까 고민하는 자체가 소모적이라는 말에 공감하기도 한다. 하여 급하고 직설적이고 거칠어졌다. 서성거리거나 뒤돌아보는 사람을 실패자라 말하고 더디 가는 사람들을 이해하지 못한다. 앞만 보고 달려도 부족한 시간인데 머뭇거릴 새가 없는 것이다. 획일화된 세상, 모두가 목적지가 같은 마라토너 같다.

하지만 기다리는 시간은 보이지 않지만, 그에게로 가고 있는 구간이다. 시간이 흐를수록 마음이 쌓여 조밀하고 단단한 사랑을 만들어 내지 아니한가. 웬만한 바람에는 끄떡도 없는 튼실한 뿌리를 가지게 되는 벅찬 과정이다. 백합도 땅 밑에서 뿌리로 오랜 시간 견뎌야 세상에 머리를 내밀 수 있으며, 꽃대에 또 오랫동안 몽우리로 살아야 꽃으로 피어나지 않던가. 단조로운 일상이 자연의 이치를 거스르는 것 같아 안타까울 뿐이다.

애초에 세상은 맑은 날만 있는 것이 아니다. 안개에 가려 흐린 날도 많다. 흐린 날에는 아무리 눈을 비벼도 선명한 것이 없다. 맑은 날과 더불어 흐린 날도 세상의 한 축이다. 외면할 일이 아니라 흐린 날처럼 애초에 분명한 것이 없는 모호한 세상임을 그대로 받아들여야 한다. 어느 소설에서 본 비혈마처럼 그저 왜 그래야 하는지도 모르고 태양을 향해 달리고 달리다 꼬꾸라져 죽고 마는 신세는 아니 되어야겠다. 그곳이 어디인지도 모른 채 본능적으로 내달리는 원시성을 다스려야 한다.

 좀 더 느리게, 느긋하게 걷고 싶다. 결과보다 과정에 의미를 두다 보면 닿지 않아 속상할 일도, 부족한 자신을 책망할 일도 없다. 과정이 즐거우면 매 순간이 즐겁고 순간을 모아 삶을 이루게 되니 누구보다 온전한 삶을 갖게 되는 것이다. 지금은 보이지 않으나 보이지 않는 것이 걸어온 길과 걸어갈 길을 헤아리는 일도 과정에서 맛보는 즐거움이다.

초승달 닮은 남자

 난생처음 아프리카 유럽 대륙에 발을 디딘다. 여행용 가방도 튼튼한 것으로 새로 장만했다. 때아니게 불어닥친 비바람이 내가 타고 갈 비행기를 불안하게 했다. 모처럼의 외출을 방해할까 봐 걱정되었다. 통과의례를 거쳐 다행히 모로코 카사블랑카에 도착했다. 이틀의 여정을 마친 후에야 짐을 찾았다. 그런데 화물용에 실은 가방에 문제가 생겼다. 손잡이 있는 부분이 깨져버렸으니 다시 장만해야 하나 어쩌나 걱정이 되었다.
 일단 테이프로 붙여보기로 했다. 테이프 구하기도 쉽지 않았다. 숙소가 모두 외곽에 있어 마트 찾기가 쉽지 않았다. 모로코 여행을 마치고 스페인으로 건너갔다. 바르셀로나에서는 마을 주변에 숙소를 정했다. 늦었지만 테이프도 사고 밤 풍경도 즐길 겸 나가 보기로 했다. 얼추 한밤이었으나 태양이 오래 머무는 이곳 스페인은 겨우 어스름한 저녁 시간이었다. 상쾌한 밤공기가 온몸으로 훅 들어왔다. 도로 옆으로 줄지어 있는 보라색 허브꽃이 코끝을 간질인다. 길가에 잇닿은 아몬드 밭에는 엷은 분홍색 꽃이 흐드러지게 피었다. 청명한 하늘 아래 땅의 기운을 온몸으로 받은 여러 꽃들이 저마다의 향을 뿜내고 있다. 덩달아 내게도 좋은 일이 생길 것만 같다.

도착하니 제법 큰 마트는 문을 닫고 있었다. 테이프만 사면 된다고 사정해 보고 싶었지만 말 많은 이곳 사람들에게 괜히 주눅이 들 것 같아 그만두었다. 좀 더 걸어가니 미니 숍이 보였다. 그러나 그곳엔 약간의 과일과 공산품 몇 가지만을 팔고 있었다. 당연히 테이프는 없었다. 실망하는 나를 바라보더니 주인이 그를 따라오라며 손짓을 한다. 순간 겁이 났다. '이역만리에서 낯선 사람을 따라가도 되나.' 하는 생각에 내심 긴장이 되었다.

그는 300미터 정도 떨어진 만물상 같은 중국인 가게로 쏙 들어간다. 내가 원하는 것이 정확히 어떤 것인지 열심히 묻더니 테이프 하나를 들고 나온다. 고맙기는 하지만 양이 꽤 커서 부담스럽다. 가격도 가격이려니와 여행 내내 짐스러울 것 같다. 넓이는 이것만 하면 되지만 양이 적었으면 좋겠다며 적당한 것을 같이 찾아보자고 제안했다. 그랬더니 갖가지 물건들이 어지럽게 널려 있는 틈을 비집고 나를 테이프가 진열되어 있는 곳으로 안내한다. 한참을 두리번거리다가 딱 내가 원하는 것을 찾았다. "I got it!" 난 의기양양하게 테이프를 치켜들었다. 그 남자도 다행이라는 듯 기분 좋게 웃어주었다. 계산대 위에 올려놓고 계산해주기를 기다렸다. 그러나 점원이 어리둥절한 표정이다. 이미 나가 있던 그가 고개를 빼들며 빙긋이 웃으며 말한다. "It's gift for you." 그제야 점원은 바깥에 서 있는 남자가 이미 지불했다고 말해주었다.

 한동안 상황을 이해할 수 없었다. 본능적으로 나의 차림새를 훑어보았다. 후줄근한 운동복에 질질 끌고 나온 슬리퍼, 빼어난 미모도 아닌 동양의 한 여인에게 이런 친절을. 생판 모르는 낯선 이에게 베푸는 지나친 친절 같아 순간 어리둥절했다. 당황스러워하는 나에게 그는 푸근하게 웃어주었다.

 이런 사연이었으면 좋겠다. 아마도 그간 많은 한국 여행객들을 접했으리라. 대형 여행사 일행이 자주 묵는 숙소 근처이니 우리 일행 외에도 많은 여행객이 다녀갔으리라. 그에게 한국인에 대한 기분 좋은 사연이 많아서 나까지 덕을 보는 것이라고.

 그 테이프는 비록 1유로짜리지만 나에게는 며칠에 걸쳐 간절히 찾던 귀한 물건이다. 친절한 그를 만나지 못했다면 가방은 여행 중 더 이상 버티지 못하고 쩍 벌어졌을지 모른다. 난감한 상황을 감당해야 할 판이었는데, 낯선 곳에서 의외의 친절을 받고 보니 스페인이 더욱 가깝게 느껴졌다. 일행이 이미 약간의 과일을 샀지만 뭐라도 더 거들고 싶었다. 그의 가게에 다시 들러 노란 자두를 한아름 사들고 나왔다.

숙소로 돌아오는 길에 일행은 빛이 좋은 자두 맛을 궁금해 했다. 소매 끝에 대충 쓰윽 닦아 한입 베어 물었다. 쫀쫀한 맛이 입안 가득 고였다. 신맛에 침이 고이는가 하면 달큰함이 뒤따라와 입안을 달래주었다. 농익은 풍미가 이러할까. 지나치지 않으면서 깊이를 더한 자두 맛이 훈훈한 그를 떠올려주었다. 길 오른쪽으로 잘 정돈된 집들이 줄지어 섰다. 건물마다 모나지 않은 그곳 사람들의 성품을 닮아 둥글게 물결쳤다.

눈부신 샛별과 초승달이 땅으로 내려와 걷는 내내 호롱불처럼 앞을 밝혀주었다. 휘어질 듯 가녀린 초승달은 어디로 튈지 모르는 영롱한 샛별을 흐뭇하게 품고 있다. 그도 키맞춤하듯 내려앉은 초승달과 밤마다 어울릴 테지. 집으로 가다가, 손을 씻다가 눈앞에 있는 초승달과 참 많은 얘기를 나누었으리라. 생각이 여기에 머물자 낯선 사람에게 베푸는 그의 진심도 어쩌면 당연한 것 같다. 수줍게 눈인사를 건네는 초승달이 그이의 선심을 흐뭇하게 즐기라고 말하는 듯하다.

화양연화

　가슴이 뜨겁게 달아오른다. 드라마 〈화양연화〉는 삶이 꽃이던 순간으로 나를 단숨에 데려간다. 주인공의 리즈 시절이 그때의 나를 일깨운다. 기억도 가물거리던 그곳이 아직도 찬란히 빛나고 있다. 사위는 정적 속에 잠기고 난 어느새 그날의 중심에 서 있다.
　거리 투쟁하느라 몸은 물에 젖은 솜뭉치 같지만, 가슴은 심해에서 갓 건져 올린 물고기처럼 펄떡인다. 한낮의 열기는 뜨거운 함성으로 절정을 긋는다. 나도 함성 때문인지 햇살 때문인지 내달리는 가슴을 멈출 수 없다. 외치고 맞서다 쓰러지기까지, 감히 권력에 맞짱을 뜨던 그날이 드라마와 함께 여기, 내게로 성큼 다가오는 게 아닌가.
　드라마는 이렇게 전개된다. 쉰 줄에 접어든 두 남녀, 과거의 그는 학생운동의 선봉에 섰고 피아노 선율처럼 여린 여자는 그런 남자를 신기해하다가 사랑에 빠진다. 남자가 있는 공간이면 어디든 좋다. 함께 스크럼을 짜고 철거촌 원주민의 어깨가 되어준다. 한 곳을 바라보며 둘은 깊이 사랑하지만, 현실의 벽에 부딪혀 헤어지고 만다. 시류에 떠밀린 남자는 혼자가 되어 목숨처럼 지켜온 신념을 부정하고 낯선 세상에 발을 디딘다. 대기업 총수의 사위가 되어 노동자의 수고를 가로채는 무뢰한으로 전락한다. 부정한 세상에 발맞춰 살아낸 대가로 부를 얻는 동안, 여자는 남자에게 배운 대로 약자 편에 서서 고단한 하루를 마감하는 중이다.

그들은 20년의 세월을 넘어 기적같이 다시 만난다. 남자는 여자를 통해 오늘의 자신과 마주한다. 불편하고 부끄러워 고개를 들 수 없다. 현실은 누추하나 빛나는 그녀의 눈빛에서 두려울 것 없이 당당하던 자신의 지난 시절을 떠올린다.

그간 뭘 위해 살았단 말인가. 허기진 배를 채우려고 닥치는 대로 움켜쥐었는데, 돌아보니 허망할 뿐이다. 여자가 새로운 세상을 선물하기 시작한다. 원 없이 버리는데 오히려 차오르는 충만함을 경험하면서 그는 결심한다. 잃었던 신념을 되찾기로, 그녀를 처음 만났던 순간으로 돌아가기로.

상대에게 투영된 자신을 냉정하게 들여다볼 줄 아는 남자가 멋지다. 그런 남자를 기다려주는 여자는 더욱 우아하다. 그들

속에 나의 화양연화의 날들이 숨어 있어 눈을 뗄 수가 없다. 그러고도 오랫동안 펌프질을 해대던 가슴은 기어이 머리를 시켜 그날의 기억을 하나둘 소환시킨다. 호헌 철폐, 민주 쟁취라는 구호 아래 우리는 하나였다. 모두의 가슴이 이미 용광로여서 우리 사이에 불순물이 끼어들 틈이 없다. 순수의 결정체로 남아 영원히 그 자리를 지킬 듯이 앞만 보고 달렸다.

그렇게 단련된 강철도 점점 세월에 힘을 잃어갔다. 애끓는 가족 사랑이 가던 길을 방해하더니 건강 문제가 결정타가 되었다. 삼십 대를 휘청거리느라 학창 시절 뜨거웠던 가슴은 시나브로 식어갔다. 되새김질은 소나 하는 짓이라 믿고 생의 되돌이표는 어떤 순간에도 찍고 싶지 않았다. 처음에는 가던 길을 벗어나니 자갈밭처럼 거칠었다. 이미 이탈하여 갓길에 서 있던 사람들은 죄다 나만 바라보고 있다가 보란 듯이 비웃는 것 같았다. 그들이 건네는 말속에 뼈가 있고 난 뼈만 보는 묘한 재주가 있었다. 그 뼈는 비수가 되어 거침없이 날아와 폐부를 찌르곤 했다.

다행히 아이를 키우면서 그날의 함성을 죄책감 없이 잠시 접어둘 수 있었다. 주변을 맴돌던 그것들을 잊을 만큼 나를 필요로 하는 일거리가 우후죽순 생겨났다. 한시도 눈을 떼지 못하게 하는 아이들과 더불어 무사한 하루에 감사했다. 생의 이면에 쟁여둔 그날이 들불처럼 되살아날 때는 하루를 더 조바심치며 위태롭게 보냈다. 능력보다 주어진 일이 버거워 오히려 감사한 나날이었다. 분주한 일상이 그날의 열정을 다독이고 서서히 잠재워갔다.

지독히 따라붙던 과거가 어느새 추억이 되고 나는 낯선 어디쯤에 서서 또 새로운 세상을 살아갔다. 사고의 출발점이 되어버린 그날의 함성이 지문처럼 곁을 지켜도 그런대로 새로운 세상에서 자유로웠다. 그런데 웬일인가. 꺼내 볼 수 없을 정도로 무뎌진 그날의 싱싱한 가슴이 겨우 드라마 한 편에 다시 펄떡이기 시작하는 거다. 함께한 동지를 향한 무한 그리움이 원천인가. 내 절정의 순간이 거기 있기 때문인가. 감상에 젖어 실눈을 뜨고 있는데 마침 전화벨이 울린다.

이심전심, 친구로부터 전화가 왔다. 그도 이 드라마를 본 게다. 살짝 흥분한 어조다. 보고 싶다며 당장 만나잔다. 숱한 세월이 가로막고 있다고 여겼는데 보지 못한 햇수는 숫자에 불과했다. 친구 셋이 대전에서 결연히 뭉쳤다.

과거의 남자 둘은 백발이 성성하여 나타났다. 세월이 준 거리를 받아들여야 하는데, 쉬운 일이 아니다. 설익게 웃으며 자꾸 소주잔만 축내는 걸 보니 그들도 나만큼 어색한 게다. 예전의 거리와 지금 거리의 불일치 때문에, 받는 시선도 던지는 시선도 민망하긴 마찬가지다.

 그런데 술이 있다. 얼마나 다행한가. 술은 참으로 힘이 세다. 취기가 오르니 그날이, 그들이 가까이 온다. 선한 눈동자, 하회탈 같은 미소를 머금고 기업의 대표가 아니라 그 시절 손을 잡고 달려주던 가슴 따뜻한 동지의 모습이다.

 친구도 벌써 옛이야기가 되어버린 그날을 더듬느라 눈동자가 분주하다. 우리는 서로의 기억에 의지하며 숱한 날들을 하나하나 되짚어나갔다. 기억이 그림이 되는 순간마다 우리는 또 축배를 들었다. 한 친구는 유난히 기억 저장소가 컸다. 친구의 머릿속에는 처음 만난 날 함께한 친구들, 거리 투쟁에 나선 날 곁을 지켜준 친구 등등, 화양연화의 순간이 낱낱이 저장되어 있다. 궁금하다고 말하면 그날의 일을 실타래 풀듯 끄집어내는 그가 놀라울 뿐이다.

 잊은 건 아무것도 없다. 고이 접어 모셔뒀을 뿐 친구들을 만나니 가슴은 온전히 그날로 놀아갔다. 순수하게 내달린 그날의 내가 그립다. 우리가 그립다. 지금은 빛바랜 사진첩이 되어버렸지만 그래도 꺼내 볼 때마다 흠뻑 가슴이 젖는다. 번쩍 정신이 든다. 세상이 유혹할 때마다 마땅히 가야 할 길을 알려주는 그날이 뿌리 깊은 나무처럼 나를 지켜주고 있다.

3. 삶을 끌어안다 2

미연이와 미련이 | 젊은 날의 초상
오십에 길을 잃다 | 또 다른 주인
야야, 밥 묵나 | 아줌마 커피와 원두커피
묵은지 | 나를 바라보다
서쪽 언덕 | 가시
자장가 연가

미연이와 미련이

"미련, 미련퉁이? 푸하하." 학기 첫날, 선생님의 입에서 내 이름의 마지막 글자가 호명되기 무섭게 아이들은 깔깔거리다가 이내 신기한 이름의 주인공을 찾아 두리번거린다. 난 쏟아지는 시선을 감당할 수 없어 죄인처럼 푹 고개를 숙인다. 선생님도 힐끔 보더니 두 볼에 가득 웃음을 머금는다.

나와 눈이 마주치자 그제야 할 일이 생각난 듯 학생들을 진정시킨다. 그러나 이미 터진 봇물은 교실 바닥을 적시고도 남을 만큼 푸지게 넘쳐흐른다. 그 후로도 가늘게 새어 나오는 웃음은 안개처럼 교실 바닥에 자욱하게 깔린다. 몇몇 아이가 큰소리로 앞에서 끌면 작은 소리가 화음을 맞춰가며 뒤를 따른다. 돌 굴러가는 것만 봐도 깔깔거릴 나이에 신기한 이름은 소일거리가 되기에 충분하다.

해마다 겪는 일이다. 어차피 시간이 지나야 잦아들 일, 그간 나도 맷집이 생기긴 했다. 불구경하듯 물끄러미 바라보는 쪽이 맘이 더 편하다. 이렇게 학기가 시작될 때마다 혹독한 이름값을 치른다.

  중학교에 들어오면서 이름은 미연에서 미련이로 바뀌었다. 주민등록에 기재된 대로 불러야 한단다. 근 열다섯 해를 미연이로 살았는데 어느 날 갑자기 미련이라니. 낯설고 생소했다. 처음엔 흔한 미연이보다 미련이가 좋았다. 미련퉁이가 연상될 거라고는 생각조차 하지 않았다. 연과 련의 어감 차이는 꽤 컸다. '련'에는 어쩐지 많은 사연을 담고 있는 듯했다. 이루어질 수 없는 사랑에 가슴 아파하다가 추억만 남겨두고 홀연히 떠나버린 비련의 여주인공이 떠오르기도 하고, 순하고 부드러워 몸도 맘도 이름처럼 고운 것으로 채워 줄 것 같았다. 맑고 투명하기만 한 '연'에 비해 알면 알수록 부드럽고 뭉근한 스프 같은 '미련'이란 이름에 마음이 갔다.

  집에서는 미연이도 아니고 미영이로 불렸다. 더욱 편하게 자주 부르고 싶은 부모님의 마음을 담은 이름이다. 충청도 시산이 고향인 남편을 만나 결혼을 하려니 더욱 놀림거리가 되었다. 그곳은 '미련맞다'는 말을 추임새처럼 사용하는 동네다. 처음 찾아가 나를 소개하는데 시부모님의 입가에 미소가 번진다. "안녕하세요? 미련이라고 합니다." 웃음을 참으며 다시 확인하는 과정도 잊지 않았다. "한자로는 어떤 자를 쓰는 거야?" 난 아버님의 물음에 머뭇거리고 선뜻 대답하지 못했다. 한글보다 더 부끄러운 한자 이름의 의미를 입에 올리고 싶지 않았다. 위로 여섯이나 되는 언니 오빠를 두다 보니 마지막이길 바랐던 게다. 간절한 마음을 담은 未(아닐 미)와 連(이을 련)을 어떻게 자랑스럽게 말할 수 있겠는가. "'아닐 미' 자와 '이을 련' 자입니다." 한바탕 웃음거리가 되고 보니 부모님이 원망스럽기만 했다.

그이는 이런 나의 고충을 아는지 모르는지. 아직도 새로운 사람들을 만날 때마다 나를 소개하기 바쁘다. 한자 이름을 얘기하면서 이제는 아예 소설을 쓴다. "장인어른의 센스가 얼마나 대단한지 몰라요. '말자' '끝순'이가 아니라 '미련'이라니, 얼마나 고상하고 세련된 이름이냐구요." 은근히 '말자'의 이미지를 연상시키는 남편이 밉지만, 사실은 사실이다.

이름에 따라 운명이 바뀐다고 믿는 사람이 많다. 그래서 갈수록 혼을 불어넣듯 소망을 담아 이름을 짓는다. 개똥이, 숙자, 말자, 영자는 옛 이름이 되었다. 아이들 누구랄 것도 없이 이름만 들어도 공주같이 귀하고 왕자처럼 늠름해 보인다. 얼굴보다 이름을 먼저 만나게 될 때는 이름에 어울리는 이미지를 떠올린다. 대면한 후에도 그 이미지는 쉽사리 깨어지지 않는다. 만나고 보면 더러 어긋나기도 하지만 그럴 때조차 이름에 걸맞은 사람일 거라고 강하게 우기고 싶어진다.

이러니 이름을 대충 지을 수 있겠는가. 이름 따라 팔자도 변한다는 믿음은 개명 바람을 일으키기에 충분하다. 덕분에 복잡하던 과정도 단순해졌다. 누구나 사연만 적어 올리면 멋진 이름을 갖게 되었다.

아직도 놀림감이 되곤 하는 내 이름을 두고 개명을 해버릴까 고민도 해보았다. 중성적인 이름을 좋아해서 걸맞은 이름을 찾아보았다. 그러나 오랜 시간 함께한 이름을 막상 버리려니 서운한 마음이 들었다. 지금껏 미련이로 별일 없이 잘 살아왔는데 새삼스럽고, 벌집을 들쑤시듯 두렵기도 했다.

자식만큼은 멋진 이름을 지어주리라 별렀다. 큰애는 작정하고 고를 겨를이 없었다. 대수술 끝에 죽다 살아난 내게 허락한 아이는 선물이었다. 다른 이름은 생각나지 않았다. 아이를 보는 순간 은(恩)이라는 글자가 떠올랐다. 선물로 받은 아이가 세상에 선물이 되기를 바라는 마음을 담았다. 둘째아들 녀석의 이름을 두고는 장난기가 발동했다. 좋다는 이름은 죄다 끌어모아 보았다. 예전부터 '석' 자 들어가는 이름이 이유 없이 멋져 보였다. 따져 물을 것도 없이 '석' 자를 넣고 돌림자를 넣어 '석무'로 지었다. 너무 명석하여 세상과 연합하지 못할까 걱정도 되었지만 그 명석함으로 세상을 이겨 나가리라는 믿음으로 감히 결정을 하였다.

내 안에는 두 여인이 산다. '미연'이와 '미련'이는 같은 듯 다르다. 아이처럼 천진하다가도 애련한 사연을 끝도 없이 풀어내는 완숙한 여인이다. 누구라도 좋다. 이름 때문인지 같은 듯 다른 두 사람이 불쑥불쑥 찾아드니 심심할 날이 없다.

젊은 날의 초상

청년 시절, 그때는 왜 그리 답답하고 암담했던지. 모든 게 꿈같았다. 눈 뜨면 사라져버릴, 어느 거인의 꿈에 등장하는 단역배우일지 모른다는 생각을 자주 했다. 꿈과 생시가 뒤엉켜 나의 현실은 매번 뒤죽박죽이었다. 단정하고 깔끔한 삶을 살고 싶었다. 방법은 많은데 막상 실행에 옮기면 모두가 길이었다가 다시 길이 아닌 것처럼 모호했다. 어렵사리 선택한 길도 되돌아와야 했고 새로운 길을 찾아 또 헤매곤 했다. 학교를 오고 가는 길은 단순했으나 머리는 수많은 생각이 실타래처럼 엉켜 복잡했다.

그날 선배의 말은 진리로 다가왔다. 함께 공부해 보기로 맘먹었다. 한 번도 본 적 없는 두꺼운 사회과학 서적을 읽기 위해 연신 서점을 들락거렸다. 덕분에 떠돌던 영혼에 신념 하나가 자라기 시작했다. 정의가 하수같이 흐르는 세상을 만들고 말리라. 뿌연 앞날에 달려갈 목표가 생기니 아침에 눈을 뜨면 하루가 벅차 버선발로 달려가 맞이하곤 했다.

밤낮없이 선후배 동기들과 사회의 여러 난제를 두고 의견을 나눴다. 진리의 힘은 대단했다. 나만 몰랐던 사회의 실체가 서서히 드러나기 시작했다. 고요하게 보이는 세상은 물밑에서 부산하게 움직이는 오리발처럼 바삐 돌아가고 있었다. 사람들의 욕망이 이곳저곳에서 꿈틀대었다. 먹이를 두고 먼저 차지하려는 난장이 밤낮없이 펼쳐졌다. 음모와 배신이 난무하지만, 일상은 무연한 얼굴로 무심히 흘렀다. 힘 있는 사람들 차지가 되는 것이 다반사였고 나머지를 두고도 또 나머지 사람들끼리 전쟁을 벌였다.

역사는 간절히 나를 요구하는 것 같았다. 알고도 행동하지 않는 것은 더 큰 죄라 생각했다. 나마저 외면하면 사회는 악의 수렁에서 빠져나올 수 없을 것 같았다. 의연히 동참했고 목이 터져라 외쳤다. 독재 타도! 민주 쟁취!

그때는 나도 가족을 만들고 그들이 내 목숨보다 귀한 날이 올 거란 생각은 하지 못했다. 혼자였으니 자유로웠고 내 생각대로 살면 되었다. 이미 그들의 인생을 사는 형제나 노부모의 걱정은 염두에 두지 않았다.

대학들은 지역별로 연대하여 세력을 과시했다. 합법 기구인

학생회 일을 맡았으니 자연히 나도 전면에 나서게 되었다. 그해 10월 말, 전국의 애국 학생투쟁연합회 소속 학생들은 건국대에서 모였고 모인 학생 수보다 많은 경찰이 학교를 에워쌌다. 그들은 불순분자로 간주하고 같은 뜻을 가진 천오백 명이 넘는 학생을 건물 안에 가뒀다. 우리는 며칠을 못 먹고 추위와 싸우면서 옥상을 사수했다. 수도도 끊고 전기도 끊고 먹을 것을 차단한 채 정부는 스스로 항복하고 나오기를 바랐다. 주린 배를 부여잡고 추위와 싸우고 있는데, 한때 우상이었던 노 교수의 막말이 들려왔다. 모두 묶어 북한에나 보내버리라는. 그가 쓴 책 읽기에 허비한 시간이 아까워 미칠 지경이었다. 그때는 교수처럼 나이를 먹으면 바뀔 수도 있다는 생각은 전혀 하지 못했다.

요지부동인 학생을 잡으려고 정부는 헬리콥터까지 동원하여 경찰을 투입할 시점을 엿보고 있었다. 애초에 끝까지 버티기는 불가능한 일이었다. 삼 일이 지나자 경찰이 들이닥쳤다. 많은 친구와 속수무책으로 끌려갔다. 갇힌 곳에서 무례한 손찌검과 막말을 힘겹게 받아내면서 하루하루를 버티었다.

어느 날 아버지가 면회를 왔다. 상기된 내 얼굴이 새로운 난제로 일그러졌다. 그제야 부모에게 못할 짓을 하고 있다는 생각이 들었다. 죄송한 마음에 차마 아버지 얼굴을 볼 수 없었다. 그는 마른 손수건이 흥건해질 때까지 눈물을 찍어내다가 힘없이 발길을 돌렸다. 언니가 가택수색 나온 경찰을 보고 놀라 쓰러졌다는 소식도 들려왔다. 가슴이 조여왔다. 내가 뭐라고 선한 사람들 가슴을 아프게 하는가. 갑자기 두려움이 밀려왔다. 상상의 세계가 현실 속에서 재현되는 것 같았다. 절대 겪고 싶지 않은 현실이 내 앞에 펼쳐지고 있었다.

난 도대체 이곳에서 무얼 하고 있는지 스스로에 수없이 되물었다. 가족도 못 지키면서 얻으려는 것이 뭔지 기억나지 않았다. 갈고닦은 신념이 허무하게 무너져 내렸다. 내가 감당할 몫은 딱 그만큼이라 생각했다.

그렇게 학창 시절을 끝내고 사회인이 되었다. 요동치는 가슴은 잠시 접어두었다. 좋은 사람을 만나 가정을 일구는 동안, 변치 않고 치열하게 사는 친구도 있었다. 여전히 그는 소외된 자들 속으로 스며들었다. 힘없는 자의 손과 발이 되어주는 그를 만나면 원인 모를 부채감에 시달렸다. 비겁하게 떠나온 것 같아 부끄러웠다. 고맙고 미안하여 꽤 오랫동안 그를 바로 보지 못했던 것 같다.

미국에 사는 친구가 다니러 왔다. 예전의 동지들이 한자리에 모였다. 주거니 받거니 술잔이 오가다 보니 누가 먼저랄 것도 없이 그날로 되돌아간다. 치열했던 젊은 날이 거짓말처럼 되살아난다. 서른 해가 넘은 지난날이 어제처럼 선연하다. 희미해졌다고 생각한 신념이 가슴을 달군다.

  학창 시절에 꾼 꿈은 미완성인 채 남겨두고 평범하게 살고 있지만 아직도 그날의 정신이 나를 채근한다. 목청껏 외치던 그날의 함성이 여전히 나를 이끄는 이정표가 된다.

오십에 길을 잃다

 납덩이 하나가 누르고 있다. 금방이라도 숨이 멎을 것 같다. 긴 숨을 몰아쉬어 보지만 여전히 납덩이는 무게를 더하고 있다. 혼자 있을 때면 통증은 두 배가 된다. 생각하는 회로를 부숴버리고 싶지만, 정신은 점점 더 또렷해진다. 떠올리고 싶지 않은 기억이 덩굴처럼 달려 나온다.
 잠자리에 들 때가 더 문제다. 혼자 있는 시간이면 감각이란 감각은 죄다 살아 요동을 친다. 밤은 절망의 시간이다. 골치 아픈 일들이 먼저 와 똬리를 틀고 앉았다. 비관적인 생각이 꿈틀거리고 슬픔이 밀려온다. 잠을 청하려 애를 쓰지만, 소용이 없다. 전날보다 더 몸을 혹사했으나 말짱 도루묵이다. 오늘도 간절한 단잠의 꿈은 산산조각이 난다.
 오십은 살아갈 날이 부담스러워지는 배반의 지점이다. 엄마 몫을 다하느라 앞만 보고 달렸다. 나만 바라보는 눈들은 갓길을 용인하지 않았다. 숨 쉴 틈 없이 몰아세운 그들이 하나둘 떠나고 몸에 익은 습관은 갈 길을 잃었다. 시간은 남아돌아 의미 없이 흐르고 자유로워진 몸은 구들장만 찾는다. 그제야 듣지 못했던 많은 이야기가 확성기를 틀어놓은 듯 선명하게 들린다. 어긋나 괴로워하는 몸의 소리가 귀청을 때린다. 고단했던 자신을 알아달라 보채는 건가. 수평의 편안함을 누리기도 전에 황량한 세월이 무더기로 쏟아진다. 살아보지 않은 날들이 불행이란 꼬리표를 달고 바짝 조여 앉는다.

몸이 버석거리는 소리가 들리면 산을 찾는 버릇이 있다. 계룡산의 도덕봉, 계족산의 봉황정, 식장산 독수리봉, 덕유산 향적봉을 차례로 다녀왔다. 오늘도 대둔산 태고사를 찾았다. 산에 오를 때는 쥐스킨트 소설의 주인공 좀머 씨가 된다. 좀머 씨처럼 걷지 않으면 몸이 점점 굳어버릴까 봐 차오르는 숨을 참아가며 걷고 걷는다.

산에 오르는 처음 십 분은 딱 죽을 맛이다. 휘청거리다가 겨우 정신을 가다듬는다. 탄력이 붙고 쭉쭉 전진이다. 머리를 감싸고 있던 잡념의 엷은 막이 땀에 녹아내리고 또렷한 기운이 샘솟는다. 장마를 예고하는 차분한 빗줄기처럼 심장의 고동 소리도 어느새 일정한 운율을 탄다.

등산 코스는 나름의 규칙이 있다. 오르막과 내리막을 적절히 섞어 놓았다. 한동안 걷다 보면 보기도 버거운 절벽 같은 오르막이 나온다. 깎아지른 고개를 넘을 때면 슬슬 꾀가 난다. 쉬어갈 곳을 찾아 두리번거리면 다리가 경고한다. 아직 멀었다고, 처음 십 분의 고통을 들먹이며 으름장이다.

힘들어도 도리가 없다. 주르르 흐르는 땀방울을 훔치며 고개를 넘으니 순탄한 평지가 펼쳐진다. 바퀴를 단 것처럼 가만히 있어도 쭉쭉 내달린다. 지형에 따라 같은 행위가 눈에 겨운 즐거움이 된다는 사실이 놀랍다. 불어오는 바람이 얼굴을 간질인다. 너럭바위에 벌러덩 드러누워 단잠에 빠지고 싶다. 오르막길의 헐떡거림은 이미 기억에 없다. 다리는 솜털처럼 가벼워 어디든 갈 수 있을 것 같다. 잠시나마 내 인생도 훈풍에 돛단 듯 순순히 떠다닐 것 같다.

등산의 짜릿함은 순간의 유희인가. 내리막길에서 만난 훈풍은 어디에도 없다. 나의 현재는 여전히 오르막길에 있다. 매서운 추위에 몸도 마음도 얼어붙었다. 가파른 길, 차이는 돌부리와 불거져 나온 잔뿌리가 앞길을 막는다. 샛길이 만만해 보여 방향을 틀어 보지만 그곳도 만만찮다. 쉽게 갈 줄 알았더니 이번에는 시간을 제물로 요구한다. 이번 고비만 넘으면 고지일 것 같아, 일껏 달려왔더니 안식은 더 멀리 꽁무니를 빼다. 거처도 불안하고 어쭙잖은 자식 농사도 모호한 데칼코마니 같다. 성과는 바람 앞의 등불처럼 위태롭게 흔들린다. 이곳만 지나면 시원한 바람이 불어오려나. 산다는 것은 우물을 얻기 위해 바위산을 삽질하는 것만큼이나 고단하다.

글쓰기만큼은 긴 세월 진지하였는데 내게 남은 게 무엇인지 혼란스럽다. 누군가에게 위로가 되어 본 적은 있는지. 조지 오웰은 〈나는 왜 쓰는가〉라는 산문에서 그가 쓰는 이유로 네 가지를 들었다. 순전한 이기심, 미학적 열정, 역사적 충동, 정치적 목적이 그것이다. 오웰은 정치적 목적을 미학적 열정으로 승화시키고자 글을 쓴다고 했다. 난 왜 쓰는가. 아직도 순전한 이기심에 머물러 있는 것 같아 두렵다. 모피코트를 둘러도 한기가 가시지 않는 것처럼 내 글밭은 황량한 겨울이다. 피안의 세계로 점점 움츠러들면서도 글쓰기의 날을 벼릴 일인지 모르겠다. 정성을 쏟았던 많은 일이 무의미해진다. 최후의 보루. 그나마 자존심을 지켜준 글쓰기조차 의미 없는 일이 되면 어쩌나. 글쓰기에 대한 자부심이 무너지는 육체를 어부만 져주면 좋으련만 이것도 꿈처럼 아득하다.

오십을 넘어서니 서서히 끝이 보인다. 반짝이는 꿈을 좇느라 끝이 있는 줄 몰랐다. 영원할 줄 알았던 삶의 배반을 서서히 몸으로 체득하는 지점이 오십 대가 아닌가 싶다.

누군가 이 모든 부정적인 생각이 성급한 판단이라 말해주면 좋겠다. 아직 다가올 다른 오늘이 솜털처럼 많은데 어제와 다른 오늘에 절망하는 건 어리석은 짓이다. 순간을 연인처럼 맞으라고 등 떠미는 이 없을까. 톨스토이는 오늘 행복하기 위해 죽음을 기억할 일이라 했다. 삶이 유한한 것은 절망할 일이 아니라 희망을 주는 조건이 됨을 설파한 그처럼 이 순간을 사랑하리라. 행복은 순간에 깃드는 담담한 고요 아니던가.

또 다른 주인

　태양은 수평선 너머로 고개를 떨구는데 햇살은 무슨 미련인지 백사장에 가로눕는다. 미처 자리를 털지 못한 여행객을 황금빛 옷으로 치장한다. 내가 쌓고 있던 모래성도 금빛으로 일렁인다. 순간 더욱 욕심이 난다.
　꿈꾸어 온 동화 속 세상을 만들고 싶다. 속도를 내기 시작한다. 쌓고 허물기를 수차례, 이제야 겨우 터를 닦았다. 한 줌 한 줌 터널을 파듯 기초공사를 한다. 걷어낸 모래는 지붕을 얹기 위해 한곳에 모아 둔다. 나머지 필요한 모래는 다른 곳에서 공수해 온다. 담을 쌓고 지붕을 얹기 시작한다.
　돔 형식의 웅장한 집을 만들고 싶다. 그러려면 더욱 단단하게 하중을 받쳐주어야 한다. 그러나 뼈대 없이 둥근 지붕을 만들기란 여간 어려운 일이 아니다. 모래가 서로에 의지해 담으로 거듭난다. 단단하게 뭉친 모래는 양쪽에서 뻗어와 지붕

한가운데서 두 손을 맞잡는다. 웬만한 밀물에는 끄떡없을 만큼 강한 지붕이 된다. 이제부터가 진짜 시작이다. 웅장한 외형에 어울릴 만한 멋스런 공간을 창조하고 싶다. 깔끔한 주방에 유화 같은 거실을 만들 참이다. 리플 달린 침대가 있는 나만의 방도 염두에 두었다.

한껏 꿈에 부풀어 있는데 물놀이에 여념이 없던 친구가 달려오더니 꿈의 성을 그만 짓밟았다. 순식간에 벌어진 일이라 나는 망연자실했다. 꿈과 열정이 한순간에 물거품이 된 그날을 생각하면 아직도 가슴이 떨린다.

친구를 향해 돌진한 주먹을 어떻게 다시 들여놓았는지 모르겠지만 아직도 그 친구의 이름은 오롯이 기억한다, ○○○!

새삼스럽게 나의 오늘이 그때 쌓던 모래성을 닮은 것 같아 불안하다. 믿었던 절대자와 현인들의 해박한 논리, 사랑과 현실이 거미줄처럼 뒤엉킨 기분이다. 인류는 긴 세월을 거쳐 탄탄한 논리를 정립하고 안전한 구조를 만들었다는 자부심에 우쭐거렸다. 과학적이고 합리적인 근거를 내세워 관계망을 만들고 탄탄한 문명을 일궈왔다. 그러나 불행하게도 모든 게 원시의 공간으로 돌아가려 한다. 쌓아온 논리가 무력하여 사람들은 길을 잃었다. 굳건하다고 믿었던 성이 무너져 내려 세상은 아수라장으로 변한다.

친구가 망쳐버린 모래성을 닮은 운명들이 거리에 즐비하다. 짓다가 만 반쪽짜리 공사장이 음울한 기운을 내뿜고 있다. 곳곳에 내걸린 현수막은 폭탄세일, 원 플러스 원, 낮은 이자율, 심지어 집도 반값에 주겠다고 꼬드긴다. 사는 자나 파는 자나 남의 행운을 가로챌 기회만 엿보고 있다. "제발 날 좀 구해달라."고 내지르는 아우성이거나 처참한 현실을 견디느라 목놓아 우는 통곡처럼 들린다.

컴퓨터 켜기도 두렵다. 스크린 안에서 많은 사연이 우후죽순 얼굴을 내민다. 가려 읽고 싶지만, 자극적인 화젯거리를 피해갈 수 없다. 고혹적인 자태로 때로는 직설적인 어법으로 나를 끌어들인다. 세월호 희생자들의 단식투쟁, 모 지검장의 성도착 행위, 지진과 산사태로 무너진 집과 건물 더미들. 헤아릴 수 없는 사건이 자고 일어나면 스크린을 도배하지만, 모두가 내가 감당할 수 없는 일인데 왜 철심을 박은 듯 가슴이 아픈지 모르겠다. 돌아앉아도 여전히 궤도를 이탈한 열차 속에서 찢기고 얻어맞다가 끝내 멈춰서기를 기다리는 것이다. 절망은 기어이 끝을 확인하고 난 후에야 길을 연다.

죽은 듯 자고 일어나면 어제의 난 온데간데없고 새로운 생각이 드는 사실이 놀랍다. 어디선가 반가운 음성이 들려온다.

삶은 이것으로 끝이 아니라고 속삭인다. 부드러운 손길이 또 다른 세상이 기다리고 있다고 처진 어깨를 토닥인다. 문득 절망에서 벗어나는 길은 파도처럼 출렁이는 운명을 순순히 받아들인 후부터라고 고백한 어느 시인의 시구가 길을 열어준다. 바닥 치기는 날아오르기 위한 도움닫기였던가. 끝에 서니 미래가 더 선명하게 보이지 않는가.

내리막길은 끝났다. 이번에는 산허리를 감아 돌며 천천히 오르리라. 서 있는 이곳이 고지라 여기면서 한가롭게 거닐고 싶다. 어느새 세상은 동해 깊은 바다에 떠오르는 붉은 해를 닮았다. 주변이 활기를 되찾는다. 아침 산책을 나온 가족인가 보다. 까르륵거리는 아이들의 웃음소리. 서로가 앞서거니 뒤서거니 잰걸음이다. 다리가 짧은 막내는 종종걸음으로 따라붙어 가족의 대화에 끼려고 안간힘이다. 오늘을 계획하며 행복에 겨워하는 그들의 얼굴이 연한 복숭아를 닮았다. 잿빛 세상은 어느새 연둣빛으로 넘실거린다. 내 마음도 덩달아 두둥실 날아오를 것만 같다.

내 안에는 나도 어쩌지 못하는 또 다른 주인이 살고 있나 보다. 더 이상 무기력하게 하루를 밀어내면서 살고 싶지 않다. 내일은 꿈일 뿐 오늘에 아무런 힘이 되지 못하는데 미지의 내

일을 계획하면서 오늘을 허비하곤 했다. 현금인출기처럼 당장의 행복을 안겨주는 오늘을 위해 축배를 들리라.

야야, 밥 문나

"밥 문나? 밥 묵어야재."

구순을 바라보는 엄마는 쓴 약을 오랫동안 먹어서인지 입 안이 온통 헐었다. 나만 가면 아파서 인상을 쓰면서도 입에 모터를 단 것처럼 같은 말을 되풀이하신다. 먹었으니 걱정하지 말라고 재차 말해 보지만 소용이 없다. 조금 있으니 병원 식사가 나왔다. 전에 없이 눈을 빛내시더니 여벌 수저를 챙기기 시작한다. "야야 밥 묵자. 기냥 같이 한 술 뜨자이." 불룩 나온 남편의 배를 툭툭 쳐 보이며 엄마나 드시라고 재우쳐도 소용이 없다. 그예 사위와 딸 입에 밥이 들어가는 걸 보고서야 흡족한 얼굴로 당신도 수저를 드신다.

엄마가 밥에 집착하는 것은 어제오늘의 일이 아니다. 막내인 나는 엄마 치맛자락만 붙들고 졸졸 따라다니는 엄마 바보였다. 어쩌다 깜빡 잠이 든 사이 나 몰래 마실이라도 가면 집

안은 온통 난리가 났다. 사라진 엄마의 흔적을 잠결에서도 느낀 걸까. 귀신같이 일어나 그 밤에 동네가 떠나가랴 울어 댔으니 어린 것이 동네 어르신들의 단잠을 홀랑 다 깨워놓았겠다.

그런 엄마 바보가 자라 고등학생이 되면서 대도시로 나갔다. 엄마와 떨어져 홀로 세상에 나선 막내가 얼마나 걱정스러웠을까. 전화만 걸면 첫마디는 늘 한결같았다. "밥 묻나? 거르면 큰일 난다. 이것저것 챙겨놨으니 집에 함 왔다 가라~." 밥 얘기 외엔 딸한테 궁금한 게 눈곱만큼도 없는 모양이다. 얄미운 친구 흉도 보고 싶고 새벽잠을 반납하고 공부했는데 오르지 않는 성적 땜에 고민하면 위로해주는 엄마이기를 바랐건만 엄마의 밥 타령에 밀려 다른 얘기는 한 번도 꺼내지 못했던 것 같다. "또 밥 얘기야? 다른 얘기 좀 하지 제발!" 전화를 걸면 여지없이 나오는 엄마의 밥 타령에 보고 싶던 마음조차 싸늘히 식어버리곤 했다. "알았다니까. 그만 끊을게." 기어이 짜증 서인 목소리로 수화기를 내려놓으면 죄신 늦한 기분까지 덤으로 감당해야 했다. 알았다는 말은 엄마의 밥 얘기에서 벗어나기 위한 궁여지책이었으니까.

그런데 얼마나 기막힌 일인가? 세월이 흘러 내가 엄마의 자리에 놓이게 되었다. 대학을 다니느라 딸아이는 오래전부터 서울에서 혼자 생활한다. 넉넉지 않은 생활비로 당차게 살아주는 딸아이가 그저 고맙다. 공부하랴 밥해 먹으랴 얼마나 힘이 들까를 생각하면 당장이라도 올라가 따뜻한 엄마표 밥을 지어주고 싶다. 딸과는 전화로 자주 만나는데 언제부터인가 엄마인 나도 내 엄마처럼 "밥 먹었니? 뭐 좀 먹었어?"라는 말만 되풀이하고 있지 않은가. 무엇보다 끼니가 궁금하다. 든든히 밥을 챙겨 먹었다는 소리를 들으면 우등상 탄다는 소식보다 더 기쁘다. 안심은 행복감을 선물한다. 나의 하루도 딸아이의 건강한 하루를 확인하고 나면 활기가 넘친다.

 아직도 혼자 사는 딸아이가 애면글면 걱정이다. 서울살이가 만만치 않을 텐데, 생각하면 짠하다. 세상이 편리해졌다고는 하나 바깥 밥은 빈 공기 같다는 생각을 자주 한다. 고봉밥을 먹어도 허기가 지던 때를 딸애가 똑같이 걷고 있다.

 엄마를 떠나면 먹거리가 문제긴 문제다. 공부는 깨달은 만큼 결과가 있을 것이고 친구도 마음 준 만큼 곁을 지켜주는데 먹거리는 선택의 폭이 참으로 다양하다. 한 끼 식사가 되는 빵부스러기부터 보글보글 된장찌개를 곁들인 따뜻한 집밥에 이르기까지. 게다가 젊은이들은 먹거리를 해결하는 것보다 더 시급한 것이 얼마나 많은가. 적성에 맞는 일거리 찾기, 배우자를 만나는 일은 굶어가면서라도 해결해야 하는 젊은 시절의 과제이지 않은가 말이다.

 늘 뒷전으로 밀리는 자식의 먹거리 고민이 그래서 엄마의 몫이 되어버렸다. 더욱이 딸아이는 어릴 적부터 먹는 걸 좋아하지 않았다. 식도락가는 못 되더라도 주린 배를 채우려는 열의만 보였더라도 이렇게 걱정되지 않았을 텐데, 배가 등가죽에 붙어도 밥을 찾지 않던 아이이다. 기운이 없어 방바닥을 기어 다니면서도 먹으려 하지 않았던 딸애는 커서도 여전히 입이 짧다.

 생각해 보면 밥에 집착하는 건 엄마와 나만의 일이 아니다. 우리 선조들은 집 나간 식구 몫으로 고슬고슬한 쌀밥을 골라 부뚜막에 올려두었다. 어디서 굶지나 않을까 기도하는 마음으로 준비한 밥은 새 밥을 풀 때까지 넉넉하게 부뚜막을 지키었다. 우리 집에도 그랬다. 월남전에 참전한 큰오빠가 무사 귀환할 때까지 고봉밥 한 그릇은 부뚜막 그림을 완성하는 데 화룡점정 같았다. "없는 사람 챙길 게 뭐야." 보리밥 먹기 싫었던 철부지 어린 나는 흰 쌀이 훨씬 많은 오빠 밥을 자주 탐했다. 엄마는 밥을 지어 올린 것이 아니라 오빠의 안녕을 기원하는 간절한 마음을 담았을 텐데, 밥만 먹어도 목숨은 부지할 수 있으니, 최악의 상황은 면하기를 바라는 맘으로 고봉밥을 떴을 것이다.

밥 인사는 오래간만에 만나 분위기를 전환하고 싶다거나, 전화로 할 말이 끝나 끊어야 하는데 마땅한 말이 떠오르지 않을 때도 효자 노릇을 톡톡히 한다. "이 식당 음식 솜씨 괜찮은데요. 담에 한 번 더 오지요."라며 은근히 다음을 기약한다든가, "언제 맛난 식사 한번 하지요."라며 자연스럽게 수화기를 내려놓는다.

정서 공감의 만국 공통어, 엄마의 '밥 문나'를 앞으로 얼마나 더 듣게 될지 모르겠으나 그때마다 지루하게 반복되는 귀찮은 말로 여길 게 아니라 지대한 사랑이 오늘도 날 든든히 떠받치고 있음에 감격할 일이다.

아줌마 커피와 원두커피

 비가 내리는 날이면 나도 모르게 주방으로 향한다. 찻잔에 커피 하나, 설탕 반 숟가락을 넣고 주전자 물이 끓기 기다린다. 보글보글 끄르르르. 드디어 물이 끓는다. 뜨거운 커피를 호호 불며 한 모금 머금으면 세상이 온통 내 안에 있는 것 같다. 커피라는 이름을 가진 행복을 마셨기 때문이다. 커피가 천천히 위와 장으로 마침내 온몸으로 퍼지면 고단했던 몸과 마음도 서서히 녹아내린다. 산다는 것이 이렇게 커피를 마시는 일만 같다면야 오죽이야 좋을까.
 커피 한 잔이 무에 그리 대단한 것이랴만 그것을 마주할 때마다 마치 남편 몰래 다른 남자를 사귀는 아낙이라도 된 양 늘 죄인 같다. 이런 기분이 오롯이 내 것이어도 괜찮을까? 슬며시 두렵기까지 하다. 그래서 혼자 마시기보다는 함께 마실 그 누군가를 찾는다.

대학 시절 단짝이었던 친구도 나처럼 커피를 좋아했다. 도서관에서 책을 읽다가 슬쩍 빠져나와 휴게실에서 마시던 한 잔의 커피는 잊을 수가 없다. 가을바람의 배려, 운동장에 나뒹구는 플라타너스 잎새들, 그때 그녀와 마시던 커피, 그것은 언제나 가을 동화가 되어 촉촉하게 내 가슴을 적시곤 한다.

그러나 그녀와 나의 커피 취향은 달랐다. 그녀는 원두 파고 난 언제나 아줌마식 커피를 고집했다. "촌스럽긴, 커피는 원두가 깔끔해. 그러니 너도 이참에 한 번 바꿔 봐!" "모르는 소리, 아줌마 커피야말로 순수한 한국 스타일이야. 원두커피는 어쭙잖은 겉멋이야." 아줌마식 커피는 숭늉의 변형이라는 둥 그러니 나 같은 사람이 한국의 맥을 이어가는 셈이라는 둥, 우리는 한동안 얄궂은 커피 논쟁을 벌였다. 토라진 그녀가 훌쩍 일어나 내 곁을 떠났다. 그러나 샐쭉해져 돌아서는 친구를 난 붙잡지 않았다. 내가 커피를 채 마시기도 전에 그녀는 해바라기처럼 웃으며 돌아오리란 것을 알고 있기 때문이다.

20대 후반, 단짝이었던 나는 그녀와 헤어져 남편을 따라 대전으로 내려왔다. 나보다 먼저 결혼한 그녀는 3년째 남편과 떨어져 살고 있었다. 남편이 먼저 미국으로 건너갔는데 웬일인지 초청장이 오지 않았다. 말은 없었지만, 그녀는 늘 불안해 보였다.

그 무렵의 그녀에게 내가 큰 위안이 된 것이 분명했다. 대전으로 이사 간다니까 그녀는 고이는 눈물을 애써 감추었고 나는 일부러 못 본 척 태연히 짐을 꾸렸다. 사랑하는 사람과 대전에서 엮어갈 장밋빛 미래에 온통 정신이 팔려 있어 친구를 걱정할 겨를이 없었다. 하루하루가 꿈만 같았다. 결혼 6개월 만에 태아를 위해 그렇게 좋아하던 커피도 끊었다. 입덧이 남들보다 좀 심한 것 외엔 걱정할 일이 없었다.

그러나 꿈은 계속되지 않았다. 갈수록 심해가는 입덧, 몸속에서 뭔가 심상치 않은 일이 벌어지고 있는 것 같았다. 서서히 불안해졌다. 잠자리도 불편하고 베개를 베면 숨쉬기조차 거북했다. 어느새 참을 수 없을 정도로 고통은 심해갔다. 나는 긴장된 마음을 추스르며 병원을 찾았다.

"갑상선암입니다."

그날 이후 세상 모든 것이 정지해버리는 것 같았다. 살아 움직이며 나에게 말을 걸어오던 손때 묻은 물건들도 허무하게 스러져 갔다. 좋은 일도 슬픈 일도 없는 세상. 나도 산다는 게 그저 그런 것이려니 하고 주변을 하나씩 하나씩 정리하기 시작했다.

그러던 어느 날 잔뜩 취한 목소리로 그녀가 전화를 걸어왔다. 그러려니 했지만, 그날따라 유독 힘이 들었던 모양이다.

그러나 나 역시 친구의 투정을 받아줄 여유가 없었다.

"무슨 일이야? 별일 아니면 맑은 정신으로 얘기해." 나의 볼멘소리에 그녀는 파르르 떨고 있었다. 야속했던지 그녀는 연신 전화를 걸어왔고 난 기어이 두 귀를 틀어막고 말았다. 한동안 멍하니 넋을 놓고 서 있는데, 서서히 그녀의 신세타령, 고독 타령은 모두 살아 있는 자들이 누리는 사치라는 생각이 들었다. 어느새 나도 부르르 경련을 일으켰다. 다시 전화벨이 울리는 순간 나는 전화기를 들어 부서져라 내동댕이치고 말았다.

나는 내게 지워진 십자가를 온몸으로 거부했다. 친구는 갈수록 뜸해지는 남편의 목소리가 그리웠고 자신의 처지를 이해해주지 못하는 나를 원망했다. 그녀는 커피 대신 술을 찾는 것 같았다. 얼근하게 술이 오르면 그 후로도 수시로 전화를 걸어왔다.

"그래, 신랑 잘 만나 행복하게 사니까 세상이 온통 네 것처럼 보이니 신랑 품이 참 포근한가 보지? 넌 처음부터 내 친구가 아니었어. 그래 좋아, 네가 원한다면 네 곁에서 이제 사라져주지."

친구의 술주정이 끝났나 생각하니 한편 홀가분해졌다. 갑상선암을 앓고 있다는 사실, 뱃속에서 지금 한 아이가 불안하게 생명을 이어가고 있다는 사실을 이젠 그녀에게 말하지 않아도 된다. 그녀의 전화가 조금만 더 길었더라면 난 마침내 화약처럼 폭발해 그 사실을 털어놓고 말았을 것이다. 말했더라면 안간힘을 다해 버티고 있던 나 자신과의 싸움에서도 처참하게 무너지고 말았을 것이다. 차라리 떠나겠다는 친구가 오히려 고마웠다.

　몇 달 뒤, 나는 기적같이 아이를 낳았다. 아이는 건강했다. 지워야 한다는 의사의 말을 무시하고 5개월을 버텼더니 하늘이 안쓰럽게 여긴 모양이다. 아이를 낳은 지 한 달 만에, 수술하기 위해 입원했다. 수술 과정에서 부갑상선이 파괴되었다. 부갑상선은 우리 몸의 칼슘 대사를 조절한다는데 파괴의 결과는 끔찍했다. 입이 돌아가고 온몸이 뒤틀렸다. 가슴은 바윗덩이 같은 것이 짓누르고 있어 숨이 멎을 것만 같았다. 하고 싶은 말은 많은데 그 어떤 말도 비뚤어진 입을 통과하지 못했다. 연이은 주사액의 도움으로 겨우 정신을 차렸을 때 흐릿한 시야에 낯익은 얼굴 하나가 들어왔다. 깔끔하게 차려입은 친구가 소리 없이 울고 있었다. 창 너머엔 언제부턴지 빗줄기가 제법 큰 물보라를 만들고 있었다. 그녀의 얼굴에도 번진 눈화장이 야릇한 문양을 만들어갔다.

　"나쁜 계집애! 왜? 왜? 말하지 않았지?" 참고 있던 그녀는 끝내 울음을 터트렸다. "미안해, 내 십자가를 너에게까지 떠넘기고 싶진 않았어." 난 그녀의 손을 꼬옥 끌어안았다.

다음 날도 그다음 날도 그녀는 나에게 왔다. 그리고 기적처럼 서서히 회복되어 갔다.

그러던 어느 날, 그녀의 얼굴에서 훅 끼쳐오는 커피 내음을 맡았다. 오랫동안 잊고 있었던 깊고 그윽한 향기! 그것은 술 대신 다시 커피를 사랑하게 된 그녀의 삶을 대변하는 향기였다. 남편과의 이별이 끝나고 더불어 그녀의 고독도 끝났다는 사실을 난 직감할 수 있었다.

지금 나는 갑상선암과 싸워 이겼다. 그리고 두 아이의 엄마가 되었다. 학교로, 유치원으로 두 아이를 보내고 나니 마음이 호젓하다. 이 시간에 그녀는 무엇을 할까? 살랑살랑 아, 그날처럼 가을바람이 불어온다. 아차, 미국은 지금 밤이겠지. 남편 곁에서 그녀도 달콤한 꿈을 꾸고 있겠지. 그녀가 보고 싶다. 또 그녀는 꿈속에서 나를 만나 싸우고 있을까?

"커피는 원두가 제격이야."

"무슨 소리! 커피 한 숟갈에 설탕은 반쯤 그런 다음에 크림 두 숟갈을 넣은 아줌마 커피가 제일이야."

묵은지

 묵은 대로 놓아둘 일이다. 다시 관계를 돌리려 하니 굽이굽이 가파른 길이다. 굴곡진 세월을 따로 보냈고 곡진한 순간을 홀로 견뎠기에 당연한가. 기대 심리는 여전한데 서로 너무 멀리 와 있다. 걸어온 길을 미루어 짐작해 보아도 그곳과 이곳의 차이는 선뜻 헤아려지지 않는다. 떨어져 지낸 물리적 시간이 자꾸만 심리적 거리까지 소원하게 한다.
 결혼하면서 외국에서 신접살림을 차린 친구다. 간간이 보긴 했지만 서로의 일상은 짐작만 할 뿐 세월에 지배당한 감정의 조각들은 알 리가 없다. 그러면서도 만날 때마다 가슴에는 쌓아둔 이야기가 차고 넘친다. 쏟아놓을 생각을 하면 만나기 훨씬 전부터 후련함을 느낀다. 번번이 기대가 실망이 되어 가슴에는 숭숭 바람이 들어도 다시 만날 때면 생각은 원점이다.
 이번에도 한껏 부풀었다가 어김없이 속앓이했다. 옛날 생각에 불쑥 말을 꺼냈는데 주인을 잃은 말들이 허공을 떠돌았다. 그녀에게 가는 의욕이 의기소침해져서 낯선 이를 만난 거북 머리처럼 자꾸만 기어들었다.

그녀를 향해 시원스레 뻗었던 신작로가 거칠고 위험해져서 발을 내디딜 때마다 심장이 졸아붙는다. 밤길에 허방다리를 건널 때처럼 소스라치게 놀라 좌고우면 고민이 깊어졌다. 우정도 김치처럼 묵을수록 깊은 맛을 낼 줄 알았는데 현실은 엉뚱하게 방향을 틀었다. 방치한 세월이 전혀 새로운 감정을 쌓기 시작했다. 예전의 그도 아니고 새로운 그도 아니어서 혼란스러운 재결합의 부부처럼 어정쩡한 관계가 이어졌다. 여러 해 버려둔 김치처럼 곰팡이가 슬고 겉과 속이 하나로 뭉개지더니 가뭇하게 형체를 잃은 것 같아 안타까웠다. 사철 비바람에도 나 몰라라 한뎃잠을 재웠으니 선회한 선로는 당연한가. 보살핌 없이 애초에 그 시절에 닿기를 바랐던 것이 과욕인가.

친구라고 다 같은 친구가 아니다. 그와 나 사이에는 누구도 부정할 수 없는 하나였던 시절이 있었다. 긴박한 순간을 하나가 되어 버텼다. 현실도 함께 설계하고 미래도 같은 꿈을 꾸었다. 나의 미래보다 나라의 앞일이 더 걱정되던 시절이었다. 백만학도인 우리에게 선한 부채 의식이 자리했다. 노블레스 오블리주를 들먹이지 않더라도 본능적으로 학생으로서 해야 할 일을 찾았다. 국민이 주인이 되는 나라를 건설하는 일에 자신을 내어줄 준비를 차근차근해 나갔다. 순수한 열정은 온 세상을 흔들었다. 각목과 최루탄에 서로의 미래가 무너져 내렸지만 굴하지 않고 나아갔다.

친구와 나는 동지애로 굳건했다. 친구라는 단순한 단어에 가둘 수 없는 가없는 사이가 되었다. 동지는 변할 수 있는 질감이 아니라 믿었다. 치열한 시절에 꿈도 현실도 나눠 먹던 사이였기에 한 치의 의심도 없었다. 시간이 흐를수록 더 튼실한 뿌리를 내릴 줄 알았다. 덕분에 그 친구만 만나면 아둔한 희망을 버리지 못하여 여태껏 그곳에 머물러 있는 어른아이가 된다.

세월을 무시한 오만이었다. 세월의 팔딱거림을 알 리가 없는 철없던 시절의 만용이었다. 엄연한 진실과 맞닥뜨리면서 여러 번 아픔을 겪었지만, 여전히 서늘한 진실을 인정할 수가 없다. 설레며 만났다가 실망하고 돌아서기를 여러 차례, 나 또한 지나온 세월만큼 낯선 곳에서 낯선 얼굴로 살아왔는데 무얼 바라는가.

관계 정리가 필요한 시점이다. 서로를 비껴간 세월을 굳이 이어 붙이려 하지 말고 있는 그대로를 인정하자. 묵은지의 깊은 맛이 그리울 때 불쑥 찾아가도 좋은 그런 친구가 있음도 가슴 벅찬 일 아닌가.

　서로의 자식 이야기를 하면서 친구의 표정을 살핀다. 그러나 푸념이 자랑처럼 보일까 봐 멈칫거려진다. 화제를 돌리거나 내 얘기에 집중하지 않는 것 같으면 혹시 나도 모르게 저지른 실수가 없는지 살피고 있다. 눈을 내리깔거나 눈동자가 흔들리면 가슴이 또 출렁 내려앉는다. 속으로 한숨 쉬고 있지 않을까 친구의 속내를 헤아리느라 그녀의 행동만 쫓는다. 친구와의 만남이 피곤한 일처럼 느껴진다. 어느새 옹졸함이 자리한다. 무위한 일에 정성을 쏟는 것 같아 부아가 치민다. 점점 줄어드는 내 인생의 남은 날들을 헤아리기 시작하면서 다급한 마음이 더한다. '편안한 친구도 얼마나 많은가?' 그예 그만 만나고 싶다는 단호한 결론에 이르고 만다.

　홀로 폭풍과 맞서 싸우다 나온 사람처럼 얼굴이 화끈거린다. 그런 후 친구를 본다. 말간 얼굴로 나를 지긋이 바라보고 있다. 나의 이런 옹졸함이 전해졌을까 봐 더럭 겁이 난다. 거친 심장박동이 그녀에게 닿아 나와 같은 결론을 내리지나 않을까 조마조마하다.

　다행히 친구의 얼굴은 평온하다. 눈빛은 어느새 그곳에 가 있는 듯 촉촉하다. 혼자 소용돌이치던 시작도 끝도 없는 상념이 단번에 사라진다. 단호한 결론이 어쨌단 말인가. 친구는 또 다른 나라고 하지 않던가. 사랑할 수밖에 없는 이십 대의 열정을, 아니 비탈진 경계에서도 함께여서 버텼는데 그것이 사라지는가. 고비마다 불쑥 찾아와 단단한 버팀목이 되어주는 그날의 풍경이 이리도 선명한데 무얼 걱정하는가. 이내 심장은 잦아들고 어느 한적한 호숫가에 앉아 노닥거릴 때처럼 편안하게 그녀를 바라본다.

7월의 한낮은 온 땅을 달군다. 끈적끈적 들러붙는 습한 기운은 더욱 사람을 미치게 한다. 입맛까지 앗아간 된더위가 밉다. 묵은지가 입맛을 돋울까. 몇 해 묵은 김장김치를 꺼낸다. 양념을 털어내고 들기름에 다글다글 볶아 파 마늘을 곁들여 본다. 헉, 묵은지의 깊은 맛이 사라져버렸다. 신선함도 깊은 맛도 사라지고 기름만 입혀 겉만 번지르르하다. '이게 아닌데.'

거짓말처럼 친구의 얼굴이 떠오른다. 두고두고 꺼내먹어도 질리지 않는 묵은지. 무시로 떠나는 그곳이 외롭지 않게 대체불가 묵은지 같은 친구는 모습 그대로 그곳에 아껴둬야겠다.

나를 바라보다

모처럼 가족이 한자리에 모였다. 우리 가족은 모이기만 하면 끝도 없는 토론의 장을 연다. 의견을 나누다 보면 때론 격론이 벌어지곤 하는데 그날은 자연스럽게 평창동계올림픽을 화제로 삼았다. 아들은 아이스하키 남북단일팀 결성에 강하게 반발했다. 아무리 국가라도 무리한 추진이란다. 거대한 국가가 힘없는 개인에게 휘두르는 폭력이란다. 4년을 꼬박 땀 흘려 준비했는데 국가의 무례함에 꿈을 날려버리게 된 선수들이 참으로 억울할 일이라 말한다.

아닌 게 아니라 이 일로 정부가 고초를 겪고 있다. 나라고 달리 어떤 판단을 할 수 있었을까. 당연히 단일팀 결성을 추진했을 것이다. 개인이 조금 희생하더라도 통일에 보탬이 되는 일이면 좌고우면하지 않았을 것이다. 신념은 현실을 능히 이기고 확신에 차 의연히 나아갔을 것이다.

"큰 그림을 봐야지. 물론 개인에게는 희생이지만 국익을 위해 당연히 양보하는 게 맞아." 흥분하는 아들이 이기적인 것 같아 평소의 생각을 거르지 않고 쏟아냈다. 국익 앞에서 개인의 희생은 통 큰 결단이다. 내가 없는 국가가 무슨 소용이란 말인가. 그러나 아들 또한 만만치 않다. 평생 그들의 경제를 책임져줄 것도 아니면서 맘대로 전권을 휘두르는 건 옳지 않다고 말한다. 희생은 나를 내주는 것인데 그들에게만 요구하는 건 형평에도 맞지 않는 일이라고. 절호의 기회를 날려버린 그들은 또 얼마의 시간을 기다려야 할지 알 수 없는 일 아니겠냐며 아들은 마치 자기 일처럼 억울해했다.

한발 물러나 생각하니 아들의 주장이 그럴듯하게 보인다. 내가 살아온 시대는 개인보다 나라가 먼저였다. 허술한 나라를 뒤로하고 나를 앞세우면 염치없는 일이었다. 양심이 먼저 발동하여 그릇된 일이라 아우성쳤다. 이제 시대는 변했고 더 이상 개인의 희생을 요구하지 않아도 될 만큼 나라가 튼튼해졌는데 여전히 나만 골동품 가게 주변을 서성이는 기분이다.

아들과 얘기를 나누다 보니 나도 어느새 기성세대가 아닌가. 내 시대에나 어울리는 낡은 가치관을 누구에게 강요하는가. 당연한 일이고 건강한 결과이지만 씁쓸했다. 용도폐기된 제품을 신줏단지 모시듯 살고 있으니 한심하기도 했다.

고루한 생각에 갇혀 있는 자신을 보니 이제야 이해되는 순간이 많다. 나도 내가 낯설어 당황한 적이 많은데 비로소 그 실체를 알 것 같다. 실존적 자아와 본질적 자아 사이의 틈이 하도 커서 나도 나를 몰랐다고나 할까.

며칠 전에도 그랬다. "당신 요즘 새로운 면을 본다니까. 의외로 보수적이야." 딸애와 결혼관에 대해 티격태격하는 걸 보고 남편이 한 말이다. 결혼도 출산도 선택이라 말하는 젊은 세대가 이기적이라 했더니 돌아온 남편의 반응이다. 마치 낡았다는 말을 에둘러 표현하는 것 같아 확 기분이 나빴다.

늘 변화에 앞장서 왔다고 자부하는데 안타깝게도 그것은 실체가 마모된 허상에 불과했다. 남편의 볼멘 지적도 이해가 되었다. 그래서 주말 내내 자신을 돌아보기 시작했다. 나란 어떤 사람이고 무얼 위해 살고 있는지 냉정하게 진단해보고 싶었다.

몇 년 전 유독 고등학생인 아들과 충돌이 잦았다. '이렇게 민주적인 엄마와 대치할 수 있는가?' 아들이 아직 미성숙한 상태라 좀 더 크면 엄마를 이해할 것이라 믿었다. 나는 옳은데 세상모르는 아들 때문에 겪는 갈등이라 생각했다. 내 규율대로 아들을 길들이려 했을 뿐 지독한 오만이요 편견이었다. 시대에 따라 미래를 향해 달려가는 아들에게 내 것만이 정의라 우겨댄 꼴이었다.

 굳이 변명하자면 내가 나아가지 못하는 데는 몇 가지 이유가 있다. 여론을 호도하는 그림자에 대한 반감이 크다. 알 수 없는 실체가 시대의 아이콘이 되어 사람들을 조종하려 드는 것도 불편하다. 한발 앞서면 거품처럼 들러붙어 더 빨리 가라며 등 떠미는 것 같아 버겁기도 했다. 폭주하는 기관차처럼 헐레벌떡 달려가다 보면 목적지를 잃고 방황하게 될까 봐 두려웠다.

 세상은 늘 보수와 진보의 싸움이다. 씨실과 날실을 촘촘하게 엮어 균형을 유지한다. 지키려는 자와 바꾸려는 자 사이의 힘겨루기는 눈물겨울 정도다. 앞서가기가 어렵지만, 가속도가 붙으면 지키는 것보다 훨씬 더 수월하다. 아우토반을 달리는 자동차처럼 시대는 사람들의 생각을 훌쩍 뛰어넘어 씽 하니 달려간다. 그것은 시대의 키워드가 되어 확고한 지위를 부여받는다. 앞선 것에 대한 신뢰는 눈덩이처럼 불어나 견고한 자리를 확보한다. 사람들은 의심 없이 시대의 흐름에 몸을 맡긴다.

 그러나 나는 더디더라도 앞서가는 것의 당위성을 따져 묻는 걸 좋아한다. 그래야만 할 것 같다. 앞서 가면 옳은 것이고 거부하면 뒤처진 사람으로 취급되는 사회가 성급해 보이기 때문이다. 이런 불편한 생각이 나를 꼼짝없이 더 이상 나아가지 못하게 한다.

지인한테 느닷없는 고백을 했다. "알고 보니 내가 많이 보수적이네요." 말이 떨어지기가 무섭게 먹이를 낚아챈 맹수처럼 그러면 안 된다고 열변을 토한다. 평소에는 자신의 생각을 말하기도 부끄러워하던 내성적인 친구라 더 당황스럽다. 친구의 머릿속에는 옛것은 낡은 것이고 버려야 할 유산이라 생각하는 것이 분명하다. 자신에게는 보수적이되 주변 사람들에게 보수적인 잣대를 들이대면 피곤해서 안 된다는 것이다. 듣고 있노라니 갑자기 온몸이 너덜너덜 낡고 초췌해져버린 기분이다.

새로운 주가 시작되었는데 주말의 여운이 가시지 않는다. 외출 준비 중인 아들을 붙들고 한마디 했다. "엄마가 보수적이긴 한가 봐." 빙긋 웃는 아들에게 그러나 지켜야 하는 것과 버려야 하는 것이 공존하는 것도 사실이라 덧붙였더니 아들은 묵직한 말로 되돌려준다.

"근데 엄마, 전 역사는 늘 긍정적인 방향으로 발전한다고 믿어요."

"…"

아침부터 아들이 날린 강펀치에 머리가 어질어질하다. 학창 시절 경전처럼 탐독했던 책을 다시 꺼내 든 기분마저 든다. 내가 지금 어느 지점에 서 있는지 선명하게 보이는 것도 같다. 분주하게 살아오면서 떠밀린 사고의 편린이 머리를 어지럽힌다. 여과되지 않은 그것들과 정면으로 마주하는 심정이다. 이제 그것들의 자리를 찾아줄 참이다. 오래지 않아 부유하던 사고의 조각들이 퍼즐처럼 제자리를 찾아갈 것이다. 그날을 생각하며 내 안의 여행을 찬찬히, 좀 더 오래 해볼 생각이다.

서쪽 언덕

　머릿속을 괴롭히는 생각을 훌훌 털어버리고 싶었다. 낯선 곳에 가면 일상의 잡념에서 해방될 수 있을 것 같아 미뤄두었던 동해안 일대를 돌아보기로 했다. 하회마을에 도착하니 이른 점심시간이었다. 고풍스러운 한옥을 기대했건만 식당들만 즐비했다. 몇 달 전에 본 한옥마을처럼 상인들만 들썩일까 봐 조바심이 났다.
　사람들을 따라 움직이기 시작했다. 매표하고 버스에 올랐다. 5분도 채 안 되어 우리 일행을 허허벌판에 풀어놓았다. 걱정과는 달리 멀리 한옥들이 꽤 넓은 자리를 차지하고 앉아 있었다. 돌아보려면 한 시간 반은 족히 걸릴 것 같았다. 자리가 비좁아 불편하긴 했으나 삼륜차 덕에 짧은 시간에 많은 곳을 다닐 수 있었다.
　하회마을은 풍산 류씨 일가가 기거한 동성 마을이다. 류성

룡 부친의 호를 따서 입암고택으로도 불리는 양진당은 99칸의 저택이다. 전란에 소실되고 현재는 53칸만 남아 있다. 온전히 보전되지는 못하였으나 벌써 700년의 세월을 건너왔다고 생각하니 나무의 결마다 선인의 체취가 배어 있는 듯하다. 서애 선생의 흔적을 기대하며 충효당으로 들어섰다. 그러나 서애 선생이 초년과 말년을 이곳에서 보내지 않았단다. 이 집이 지어지기 전의 집에서 지냈다 하니 순간 맥이 빠졌다.

하회마을은 와가와 초가가 혼재되어 있는데 아직도 많은 사람이 살면서 역사를 이어가고 있다. 한옥마을 보존 운동에 힘입어 신식 한옥이, 미끈한 초가가 여기저기서 생겨나고 있었다. 수려한 외모와는 달리 속이 빈 저것들의 운명이 걱정되었다.

그러나 이곳에 마음을 뺏긴 이유는 강물에 있었으니 걱정은 접어두고 걸음을 서둘렀다. 마을을 끼고 흐르는 낙동강 줄기를 진작부터 보고 싶었다. 류씨 가문이 이곳에 터를 잡을 때 강에 집중했다는 글을 읽은 적이 있다. 넓은 곳에서 흘러내리는 물이 90도로 꺾이며 힘을 빼는 모습을 유심히 관찰하고 바로 이주를 결심했단다. 강을 마주하고도 물난리는 피할 수 있는 최적의 장소로 보았다. 남다른 혜안을 가진 그들은 늠늠한 강물을 누릴 충분한 자격이 있어 보였다.

강변에 접어드니 시원한 강바람이 가슴을 스친다. 불어오는 바람을 한 점이라도 놓칠세라 몸을 곧추세우고 눈을 지그시 감아 본다. 얼굴을 간질이며 말을 거는 바람이 선인들의 숨결인 양 반갑다.

하회마을은 나와는 좀처럼 연이 닿지 않았다. 아이들 어렸을 때부터 별렀으나 엘리자베스 여왕이 다녀가도 앤드루 왕자가 왔다 갔대도 선뜻 오지 못했다. 김훈 작가의 《자전거 여행》이란 책을 보고 더욱 사랑에 빠졌다. 어렵게 찾은 곳이라 모든 게 예사로 보이지 않았다. 듬직한 소나무가 즐비한 만송정 숲을 지나니 섶다리가 나왔다. 예전부터 으레 10월에 설치하여 이듬해 장마가 오기 전에 철거하던 임시 다리다. 한동안 모습을 보이지 않다가 앤드루 왕자의 방문을 기념하여 다시 놓았단다. 소나무로 다리를 고정하고 바닥은 짚과 나뭇가지로 감싼 후 흙으로 마감했다.

강물 위로 드리운 길이 그림 같다. 섶다리를 걷노라니 강물 위를 걷고 있는 듯한 착각이 인다. 유유히 흐르는 강물이 더 가까이 있다. 서쪽으로 물살을 달래는 언덕이 병풍처럼 둘러쳐 있다. 갑자기 와락 눈물이 난다. 일정한 유속으로 고요함을 유지하고 있는 그것이 대단해 보인다. 류성룡 선생이 '서애'라는 호를 쓸 때도 이를 보고 지었지 싶다. 서쪽의 언덕처럼 낙동강을 달래듯 세상을 어루만지고 싶었던 게다. 사는 내내 한

결같이 세상의 완충지대가 되고자 마음을 다했으니 그는 진정 '서애'처럼 살았다.

그런데 순간 괜한 심통이 난다. 살아내느라 마음고생한 그간의 나를 알아줬음 싶었다. 높은 파고를 넘느라 힘들었던 며칠간의 나를 서애가 위로해주기를 바랐는데, 파고의 위력을 아무렇지 않은 듯 길들이는 서애가 얄밉다. 절명의 순간을 일상인 듯 끌어안는 그것을 보니 나약한 자신만 도드라진다.

조금 전까지만 해도 소리 없이 열일하던 그것인데 팔팔한 물살을 죽이는 무소불위의 권력자로 보인다. 장승처럼 서서 소리 없이 권력을 휘두르는 언덕이 밉다. 베토벤이었다가 차이콥스키는 될 수 없는가. 융통성 없는 그것이 답답하다. '저러다 어느 날, 툭 무너져 내릴 테지.'

꿈쩍도 하지 않는 서애를 욕되게 하고 싶었다. 그러고는 다시 서쪽 언덕을 바라본다. 나의 이런 불편한 심기를 아는지 모르는지 여전히 벽같이 우뚝 서서 자발스러운 물살을 어르고 있다. 서쪽 언덕을 권력자로 오인한 내 억지와는 달리 상처난 물살을 가르지 않고 품어 안는 너른 품이 고고해 보인다.

언덕의 도움이 없었다면 강물은 어찌 되었을까. 고삐 풀린 망아지처럼 날뛰어 누구도 곁에 두지 못했을 테지. 언덕의 아둔함이 빛을 발하는 순간이다. 미련하게 일방적인 언덕이 내

거친 숨결을 어루만지는 것 같다. 진작부터 서쪽 언덕은 그저 다 흘러갈 테니 오늘만 견디라고 주문하고 있었다. 언덕을 비켜선 바위들 틈에 자리한 나무는 언덕의 대업을 아는지 모르는지 무심한 하늘만 올려다보고 있다.

한때 나도 서애 선생처럼 세상을 구하고자 했다. 선택이 아니라 의무라 여겼다. 그러나 엄마가 되면서 내 의식은 가족에 매이게 되었다. 아직도 아이들에게 언덕이 되어 버거운 물살을 어르고 달래야 하는 엄마로 산다. 심한 물살에 아이가 힘들어하면 지레 먼저 쓰러져가면서.

거친 물살을 달래는 능숙한 언덕이 그저 부럽다. 언제쯤 나도 서애처럼 단단한 벽이 되어줄 수 있을까. 넋을 놓고 바라보는데 남편이 불쑥 끼어든다. "부용대는 가봐야지." 다리를 건너 화천서원을 넘어 부용대에 올랐다. 마을 전체의 그림을 보고 싶었다. 가파른 길을 오르니 숨이 가쁘다. 강물인지 땀인지 흠씬 젖고 보니 벌써 정상이다. 기와도 초가도 점점이 소담스러운 꽃처럼 있을 자리에 적당히 앉았다. 빼곡하지도 그렇다고 허전하지도 않을 만큼의 거리를 두고 제 할 일을 하고 있다. 나무들이 싱그러운 녹색으로 마을을 물들이니 지나는 사람들조차 초록 꿈을 꿀 것 같다.

낙동강 줄기는 마을 전체를 감싸고 휘돌아 흐르며 마을을 더욱 풍성하게 한다. 햇살이 윤슬로 되살아난 강물 위로 무지개가 선다. 가슴을 누르던 고민이 무지개 따라 가뭇없이 사라진다. 순한 강물을 연신 내보내는 서쪽 언덕이 위로하듯 내게 머문다.

가시

 가시에 걸렸나 보다. 가시 같지도 않은 물렁 가시다. 그런데도 삼키지도 내뱉지도 못하겠다. 목에 가로누워 물을 삼켜도 큰 숟갈로 밥을 밀어 넣어도 꿈쩍 않는다. 없어졌나 하면 다시 꼬물꼬물 고개를 든다. 향방을 알 수 없으니 초조함은 더한다. 볼 수 없다는 사실이 막연한 불안감을 조장한다.
 불쑥불쑥 돋는 가시가 목에만 있는 게 아니다. 질투심이 목에 가시처럼 나를 찌를 때가 있다. 친구의 폭풍 수다가 시작되었다. 분위기를 자기편으로 끌고 가는 기발한 능력의 소유자다. 친구들은 허수아비처럼 그녀의 아들 자랑에 꼼짝없이 붙잡혔다. 당연히 박제된 듯 표정이 없다. 그의 아들을 본 적도 없는데 하도 얘기를 들어서 인지 늘 보아온 듯 눈에 선하다. 옆으로 길게 트인 서글서글한 눈매, 반듯하고 오똑한 콧날, 후해 보이는 크고 단정한 입까지.

자식 자랑을 하려면 금일봉을 내놓고 하라지 않던가. 삶의 변곡점이 다를진대 그녀가 아들 자랑이 늘어질 때 누군가는 아들 걱정에 밤잠을 설치는 이 왜 없을까. 하품하고 있는 친구의 표정을 아는지 모르는지 그녀의 아들 자랑은 멈출 줄 모른다.

밉보인 그녀가 눈에 가시를 돋운다. 그녀의 결점을 찾아내기 위해 머리는 엉뚱한 방향으로 바쁘게 돌아간다. 누구나 겪게 되는 불행한 순간을 그녀라고 피해 갈 수 없다는 생각에 깜찍한 상상을 한다. 그녀를 괴롭힐 고민거리를 찾아 불행의 대열에 맘대로 편승시키고서야 겨우 호흡을 고른다.

그러나 그것은 얼마 아니 되어 나에게 되돌아와 나를 찌른다. 빠르게 돌아가던 심장이 서서히 제자리를 찾으면 후회가 밀려온다. 옹졸했던 자신이 벌거벗긴 채 서 있다. 가라앉아 있던 나의 밑바닥을 확인하고 당황하여 주변을 살피는 순간, 아 벌써 자존감은 바닥을 친다.

상대에게 인색하면 그것은 부메랑이 되어 나를 찌른다는 사실을 알면서도 여전히 덫에서 벗어나지 못하고 있다. 가을이 되니 여기저기서 수상 소식이 많다. 문학계도 다르지 않아 기성, 신인 가릴 것 없이 들려오는 수상자 명단에 지인들의 이름도 많다. 며칠 전에는 이제 막 글을 쓰기 시작한 친구가 수상 소식을 알려왔다. 내가 모르는 시간에 누구보다 열심히 글을 써 왔을 터이다. 그런데 목에 가시가 걸린 것처럼 종일 불편했다. 그녀가 받은 상의 크기가 탐나서도 아닌데 원인이 무엇일까 곰곰 생각해 보았다.

먼저 발을 디뎠을 뿐인데 나의 영역을 침범당한 것 같은 묘한 기분이 들었다. 인정하고 싶지 않은 내 영역에 불쑥 끼어든 외부인. 함께 도전한 것도 아닌데 알 수 없는 패배감마저 들었다. 뒤늦게 시작하여 열심히 쓰고 지우기를 반복했을 친구의 열정에 박수는 못 보내줄망정 이게 무슨 못난 모습이람. 의식의 흐름대로 따라가고 있는 정신 줄을 가까스로 붙잡았다. '그래, 가까이에 동인이 생겼으니 얼마나 기쁜 일인가.'

다독이지 않으면 끝도 없이 내달리는 질투의 민낯을 본다. 머리로 제어하지 않으면 본능적으로 가슴이 달아오른다. 성악설을 믿지 않을 수 없는 증거를 내 안에서 경험한다. 타고난 오욕칠정의 너저분함을 품위 있게 소화하려면 얼마만큼의 수련이 더 필요할까. 무시로 끓어오르는 구차한 감정을 한껏 끌어안아도 남을 만큼 넉넉한 품을 갖고 싶다.

그래도 선물 같은 친구가 있어 다행이다. 학창 시절 그 친구는 나의 거울이었다. 예상을 빗나가는 반응에 처음엔 으아했다. 가장이라 생각했다. 꼭꼭 숨겨둔 본심이 언젠가는 들통

날 텐데 그때 그녀가 어찌 나올지 걱정이 되기까지 했다. 그런데 친구는 한 번도 흐트러진 모습을 보이지 않았다. 잔잔한 호수 같았다. 남다른 심지가 심연에 자리하지 않고서야 어찌 본능적으로 반응하는 너저분한 순간을 매번 피해 갈 수 있나 말이다.

이번에도 자기 일처럼 기뻐했다. 딸의 결혼 소식에 먼 길 마다하지 않고 달려와 주었다. 물 건너 한달음에 와서 축하한다고, 너무 잘된 일이라고 제 일처럼 호들갑을 떨었다. 식이 끝난 후 모든 게 완벽했다며 거듭되는 과한 칭찬도 잊지 않았다. 그녀를 보니 가슴이 따뜻해왔다. 그녀도 과년한 딸이 있어 빨리 짝을 만나기를 바라는 마음을 익히 아는데, 내 일처럼 기뻐하는 친구가 고마웠다. 넉넉한 친구를 보며 뾰족한 맘을 다듬어갈 수 있으니 난 얼마나 행복한 사람인가.

슬픔보다 기쁨을 나누기가 훨씬 어려운 게 인생이다. 오죽하면 사촌이 땅을 사면 배가 아프다고 했을까. 조물주는 왜 이리도 불완전한 인간을 창조했을까. 어떤 것에도 흔들리지 않는 강한 심지를 주어 선하게만 반응하면 세상은 얼마나 평화로울까. 혹 신을 찾지 않을까 봐 이런 장난을 치신 걸까.

잔가시는 물로 대충 씻어 내리더라도, 여전히 떨어낼 수 없는 가시가 몸의 일부가 되려면 얼마의 시간이 흘러야 할지. 생채기를 내고 아물기를 수없이 반복해야 가시를 받아낼 굳은 살이 박일 터인데. 가시가 녹아내리는 날을 꿈꾼다. 허물어져 순하게 뱃속을 몇 차례 돌고 돌아도 무감한 그날을 꿈꾼다. 한풀 순해진 가시가 오늘을 가볍게 들어 올린다.

자장가 연가

 뒤척일 때마다 사그락사그락 이불 천 부딪는 소리에 가슴이 졸아붙는다. 뚝 끊겼다가 다시 가늘게 이어지는 딸아이의 숨소리. 어렵게 든 잠을 방해할까 봐 숨쉬기도 거북하고 몸을 돌려 누울 수도 없다. 신경은 점점 더 예민해진다. 다리가 저리고 눌린 어깨가 아파 견딜 수 없다. 발가락을 꼼지락거리다가 기어이 자리를 털고 일어나 거실 한 귀퉁이 남편 곁으로 자리를 옮겼다.
 딸애와의 동침은 맘고생만 하다가 이렇게 허무하게 끝나고 말았나. 다음 날 아침, 딸애 보기 민망하여 눈동자를 떨구고 있는데 그런 내 기분을 아는지 모르는지 남편 혼자 신이 났다. "엄마는 내가 코 고는 소리도 자장가 같단다." 무죄를 확정받은 피의자처럼 의기양양하다. 아침마다 코골이로 죄인이 되곤 했는데 자장가라 했으니 남편은 그간의 미안함을 단번에

씻어낼 기회를 얻은 셈이다. 단잠을 방해한 죄인이었다가 면죄부를 받았으니 후련할 만도 하겠다.

남편은 참으로 고약한 몇 가지 잠버릇이 있다. 이불을 돌돌 말아야 잠을 편히 잔다. 크지도 않은 이불인데 한쪽 면을 말아버리면 곁에 있는 사람은 알몸으로 긴 밤을 보내야 한다. 신혼 때는 사랑까지 의심할 정도였다. '사랑이 부족한 게야.' 마누라를 사랑하면 어찌 벌벌 떨고 있는 아내가 보이지 않는단 말인가. 하지만 갖은 모욕을 주어도 버릇은 고쳐지지 않았다. 어릴 적, 식구가 많아 여럿이 한 이불을 덮어야 했는데, 둘둘 말아 사타구니에 꾹 눌러두지 않으면 다른 사람들 차지가 되어버려 아침이면 맨몸이었단다. 지금도 그때의 버릇이 남아 친친 감아 놔야 안심이 된다는 것이다.

추운 겨울밤을 보내고 나면 찾아오는 불청객 때문에 나도 내 몫을 확보해야 했다. 한 귀퉁이를 잡고 더 이상 내어주지 않으려고 버둥거리다 보면 이불은 늘 허공에 떠 있었다. 날로 세운 그의 어깨와 나란히 수평으로 전달된 이불은 더 이상 이불의 역할을 하지 못했다. 전장에서 적을 기다리는 날 선 병사 같은 팽팽한 이불깃은 온몸을 옥죄고 들었다. 어깨를 감싸고도 남아 한쪽 면은 자연스럽게 바닥으로 축 늘어져야 포근한데 아무리 큰 이불을 덮어도 부족하여 몸에 감길 새가 없다.

추운 날이면 남편의 본능은 더욱더 노골적이다. 자기도 모르는 새에 날렵한 발재간으로 이불을 감으려 든다. 그래서 나도 여러 수를 터득했다. 남편이 돌아누울라치면 뭉툭한 뒤꿈치로 남편의 무릎을 찍어 눌렀다. 그제야 남편은 잠꼬대하듯 중얼거린다. "허허, 내 이불."

이불 점령군에 더하여 또 다른 고충도 생겨났다. 마흔 줄이 되면서 남편의 몸은 표나게 불었다. 배가 나오고 목이 굵어지면서 잠자리가 더욱 요란해졌다. 가랑가랑하다가 드르릉 푹, 코골이는 점점 심해져 내게 불면의 밤을 선사했다. 분절음이 들리다가 무호흡 상태가 지속되기도 한다. 그럴 때면 불안하여 잠을 청할 수가 없다. 벌떡 일어나 남편의 몸을 흔들면 인상을 찌푸리다가 다시 죽은 듯이 잔다. 나만 대낮이고 본인은 세상 태평하게 단잠에 들었으니 참으로 기가 찰 노릇이다.

도저히 적응할 수 없는 또 한 가지는 백색소음이다. 남편은 잠이 들 때까지 백색소음이 귀를 간질여야 한다. 아무 소리도 없어야 잠을 자는 나와 달라도 너무 다르다. 타협은 불가피한 일이다. 이야기가 있는 장면은 더욱 신경을 거슬렀으니, 스포츠 채널만 보기로 합의하고 TV를 밤새 켜두었다. 신기한 일은 이제 나도 그이를 닮아가고 있다는 점이다.

코골이는 수면을 방해하는 훼방꾼이었는데 어쩌다가 자장가가 되었는지. 남편은 직장에서 선택의 갈림길에 선 적이 있다. 우리 가정의 미래가 달린 중대한 결정을 내려야 했다. 경우의 수를 두고 고민이 참 많았다. 당연히 잠을 설치는 날이 이어졌고 덩달아 나도 뜬눈으로 보내기 일쑤였다. 잠들지 못하고 있는 남편을 확인할 때면 철렁 가슴이 내려앉았다. 잠들고 싶은데 잠들지 못하는 괴로움을 익히 알고 있던 터라 돌아눕고 싶은데 방해가 될까 봐 움직일 수 없었다.

신경은 더욱 예민해져서 잠들지 못하는 이유를 찾느라 여러 갈래로 헤매기 시작했다. 생각을 다른 곳에 두려고 노력하는데 어느새 선물같이 정겨운 소리가 들려오는 거다. '쌔근쌔근 다르랑' 남편은 평화로운 수면 상태에 접어들었다. 영락없는 천상의 소리 같고 위안을 주는 아름다운 멜로디다. 분절음을 내는 남편의 코골이를 들으며 나도 곤히 잠에 빠져들었다.

부부는 억겁의 연으로 만난다 했으니, 남편을 통해 나를 보는 것도 어쩌면 당연한 일이다. 근 서른 해를 한 이불 덮고 잤으니 서로에게 물들기 충분한 시간이지 싶다. 요즘 부쩍 다른 모습을 본다. 단단하던 다리도 휘청거리고 희끗희끗한 흰 머리도 하루가 다르게 기세등등하다. 동반자로서 서로에게 위로가 되면 세월의 중압감도 잠시 내려놓을 수 있지 않을까.

젊었을 때는 일상이 버거워 어디쯤 가고 있는지 신경 쓸 틈이 없었다. 이쯤 살아보니 이제 밑그림이 보이는 것 같다. 시작과 끝이 선연한 인생 지도를 손에 넣은 기분. 나이를 먹는다는 것이 이처럼 좋을 때도 있다.

혼자 만리장성을 쌓고 허물기를 반복하다가 남편을 본다. 코골이가 자장가로 들리는 건 어쩌면 당연한 일이다.

4. 세상을 읽다

요즘 사랑 | 채식주의자의 꿈
아버지의 사하라 | 끝없는 질문
그림자의 힘 | 마스크 소동
586 | 회색 도시
바람의 길 | 어떤 여행

요즘 사랑

애끓는 감정이 수위를 위협할 때 고백을 한다. 다행이다. 상대의 눈빛에서도 참아왔던 사랑이 알알이 쏟아진다. 사랑의 꽃잔치가 시작되고 위태롭게 일렁이던 잔물결이 너울지듯 춤을 춘다. 황금 들녘처럼 사랑이 익어 둘은 애초에 하나였던 듯 자연스럽다. 서로에 취해 너를 위해서라면 내가 죽어도 충만할 것 같은 신기한 경험을 한다.

그렇게 시작된 사랑도 유지하려면 눈물겨운 과정을 겪어야 한다. 세월 따라 긴장의 끈이 풀리고 나른한 권태가 습관처럼 끼어든다. 시샘하는 눈길도 많다. 기회를 엿보던 붉은 장미가 향기를 앞세워 사랑을 힐끔거린다. 복병처럼 숨어 있다가 틈을 비집고 나타난 연적이다. 팔등신 미인이거나 조각남일 때가 많다. 연적의 힘은 상상 이상으로 세다. 꺼져가던 불씨를 되살리고 고요한 감정을 들쑤셔서 격렬한 사랑으로 이끈다. 더

디나 안정적으로 가고 있던 사랑의 페달을 자신도 모르게 가열하게 밟고 만다.

연적이 촉매제가 되기도 하지만 애초에 사랑은 목숨을 걸어야 얻을 수 있는 고귀한 것이라 생각했다. 마음보다 몸이 먼저 다가가고 닿지 않으면 죽을 것 같은 갈급함이 서서히 나를 죽여도 당연하다 여기는 것. 서로에게 스며들어 새로운 인격체가 탄생하는 것이 사랑이라 말하면 너무 진부하다 할 것인가. 아무튼 자신을 계산하게 되면 사랑이 아니라 믿었다.

개인보다 집단의 삶이 더 중요한 시절에는 틈만 나면 나를 죽이는 데 힘을 쏟았다. 덕분에 자기 자신을 공동체의 운명에 따라 흘러가게 내버려두는 데 익숙하다. 고루한 환경이 시류에 타협하는 현명함을 선물처럼 주었다. 낮은 곳에 있는 나를 안쓰러워하지 않고 무심하게 바라보는 평정심도 키워 주었다. 덕분에 사랑을 할 때도 상대보다 낮은 자리에 앉아야 편안했다. 너 나 할 것 없이 상대를 위해 기꺼이 희생하는 마음이 사랑이리 여겼다.

그의 열악한 배경이 사랑을 위협하면 그를 덜 사랑하는 속된 나의 사랑을 자책했다. 배경을 헤아리는 불순물이 화마처럼 끼어들어서 사랑의 순결한 결정체를 망가뜨린다고 믿었다. 그가 문제가 아니라 내 사랑이 부족해서 절단 나는 것이라 생각했다. 사랑은 그와의 문제가 아니라, 내가 이뤄가는 내 삶의 지난한 과정이라 생각했다.

그런데 요즘 사랑은 결이 많이 달라진 것 같다. 자신을 온전히 내놓으려 하지 않는다. 운명처럼 사랑에 빠지더라도 자신을 지키는 것이 전제되어야 시작할 수 있다. 수십 년간 다듬어온 단단한 자신의 성을 사랑을 위해 양보할 의사가 전혀 없다. 팽팽한 고무줄처럼 두 개의 성이 마주 보고 서 있고 비슷한 눈높이에서 편안하게 바라볼 수 있어야 사랑의 퇴적물도 쌓여간다. 한쪽이 기우뚱거리면 그들의 합의는 물거품이 된다. 자존을 짓밟는 행위는 사랑을 버려도 좋은 명분이 된다. 사랑의 방해꾼이 그 누구도 아닌 자기 자신으로 보인다. 어쩌면 자기 자신을 상대로 싸워야 하니 더욱 아픈 사랑을 하는 것인지도 모르겠다. 자신을 이겨야 사랑을 얻을 수 있다니 얼마나 슬픈 현실인가 말이다.

적당한 거리에 있기를 원하는 여자가 열정 남을 만나 속도에 엇박자가 나면 그녀도 어쩌지 못하고 이별을 선택한다. "너가 바짝 조여 앉으면 내가 다른 사람이 되는 것 같아." 내가 아닌 상황을 도저히 받아들일 수 없어 그녀는 사랑을 포기할 수밖에 없다고 울먹인다. 적당한 거리에서 적당히 나누고 적당히 사랑하기를 원한다. 나의 정체성에 변형을 가져오지 않는 적당한 곳에서 서로를 들여다보는 적당한 사랑. 서로 다른 두 사람이 만나 하나가 되어가는 과정이 사랑이라 생각했지만 요즘 사랑은 서로 다른 두 개의 기둥이 평행선상에서 나란히 나아갈 때 사랑이 완성되는 것이라 말한다. 한쪽이 기울어지면 마음 한편에 빗금이 가기 시작한다. 동등한 자격을 상실하는 신호이고 그것은 상대를 위해 나를 내어놓아야 하는 강요로 비친다. 복잡한 관계에 얽매이고 싶지 않아 그 자리를 뜨고 싶어 한다. 함께 해결할 방법이 있을 법도 한데 그러한 일에 정열을 쏟고 싶지 않은 거다. 나는 나의 길을 가면 되고 그는 또 그의 인생을 살면 되는 것으로 가볍게 정리한다.

자신보다 더 귀한 대상이 생기면 무엇이 좋은가. 그를 위한 일이 내가 아파야 하는 일이라면 오래갈 수 없지 않은가. 한 번도 의심해보지 않은 사랑의 정의를 원점부터 다시 생각하는 요즘이다. 사랑의 위대함이니 고결함이니 하는 따위의 가치에는 재론의 여지가 없다. 믿음, 소망, 사랑 그중에 제일은 사랑이라 말하는 성선의 가르침을 굳이 들먹이지 않아도 사랑은 이기적인 인간에게 주어진 최고의 선물이라 생각한다. 사랑을 할 수 있어 이타적인 삶이 가능하고 동물과 달리 월등한 인간계의 영역을 구축하여 의기양양할 수 있었다.

그러나 그 위대한 단서가 단지 호르몬의 장난이라면 어쩌겠는가. 페닐에틸아민, 도파민, 옥시토신, 세로토닌의 분비로 일시적인 감정의 유희였다면? 페닐에틸아민의 분비로 단 2초면 사랑에 빠질 수 있다지 않던가. 술에 취하듯 사랑에 취한다. 영원히 지속되면 좋겠지만 2년이 채 안 되어 현실로 돌아오고 만다는 사실이 정설이다. 밥 먹는 모습도 귀엽고 머리를 쓸어 올리는 모습에 가슴이 콩닥콩닥 뛰는 사랑은 생명력이 그토록 짧다는 의미이다. 몸이 먼저 달아올라 그를 만지고 싶고 그와 분리되면 죽을 것 같은 사랑이 호르몬의 장난이라면 얼마나 허망한가.

이렇듯 짓궂은 호르몬의 포로는 되고 싶지 않다는 선언으로 해석하니 단조로운 요즘 사랑의 생리를 조금은 이해할 것 같다. 끝까지 챙겨야 하는 대상은 자기 자신이라는 발견으로 합리적인 사랑을 한다? 그럴듯하지 않은가.

어떤 것도 속되다 비난할 수 없다. 거푸집에 버려둔 자신이 나중에는 엄청난 부채감으로 자신을 괴롭혀온 경험을 우리는 선대로부터 얼마나 많이 보아왔는가. 자신과 화해해야 타인에게 집중할 수 있다. 원 없이 사랑할 수 있다. 마음보다 현실을 재단하는 치밀함이 보일 때는 안쓰럽기도 하지만 그래도 오래 사랑하는 방법인 것은 틀림없어 보인다.

채식주의자의 꿈

 귀청이 찢어질 듯한 함성. 피투성이가 되어 맞고 있고 다른 한쪽은 잡은 기회를 놓칠세라 죽일 듯 달려든다. 상대는 눈두덩이가 부어 앞이 안 보이는지 링을 잡고 비틀거린다. 자비란 없다. 맹수처럼 약한 곳을 골라 상대가 거꾸러질 때까지 발로 차고 주먹질이다. 피투성이가 될수록 관중들의 함성은 하늘을 찌른다.
 쓰러지는 줄 알았던 상대가 다시 일어나려 한다. 함께 싸워 온 관중도 그를 용서할 수가 없다. 눈앞의 사냥감을 놓칠세라 링 밖에서도 선수를 다그친다. 가격하는 선수처럼 어금니를 깨문 채 양손을 불끈 쥔다.
 "구역질 나, 빨리 돌리지!" 채근하는 마누라를 힐끗 보더니 TV 리모컨을 찾아 두리번거린다. 그이는 못내 억울한 눈치다. 채널을 돌리다 볼 것 없어 신문을 들었을 뿐인데 TV는 하필

격투기 채널에 고정된 것이다.

생각해 보니 하루에도 몇 번씩 격투기 장면을 스쳐 보낸다. 짧은 순간에도 속이 울렁거리고 토할 것 같다. 음산하고 불안한 기운이 강하게 몸 안을 파고든다. 마치 내가 맞고 있는 것처럼 온몸이 얼얼하다. 다시는 마주하고 싶지 않은 고통의 순간이다. 그저 오락일 뿐인데 번번이 몸이 굳어지면서 몸속의 장기가 반란을 일으키는 걸 보면 인간의 잔인함이 꽤 두려운 모양이다.

폭력의 장을 합법적으로 열어놓고 즐기고 있는 현실을 이해할 수 없다. 잘 싸웠노라고 칭찬하는 코미디 같은 광경을 남녀노소 누구나, 어디에서나 즐기는 재미난 세상이다. 우리는 내재된 폭력성을 부러 끌어내는 놀이를 공공장소에서도 버젓이 방영하는 살벌한 시대에 산다.

생각할수록 기막힌 일이다. 돈이 되는 것이면 무엇이든 상관없다는 말인가. 인간은 애초에 두 얼굴을 가지고 태어났다. 천사와 악마가 한몸에 어울려 산다. 그것들은 자신의 존재를 드러낼 기회만 엿보다가 주인이 부르면 득달같이 달려와 세상을 활보한다. 갈수록 부의 논리와 영합한 악마가 더 많은 기회를 부여받고 있다. 과연 이런 흐름의 끝이 어디일지 두렵다. 숙성 과정을 거치지 않고 탄생한 뒤틀린 문화는 차가운 심장을 길러내고 기계처럼 살다가 무심하게 사라지길 부추긴다. 뜨거운 심장을 가진 이는 남루한 여행객처럼 스산한 거리를 헤맬 뿐이다.

인간의 이성을 마비시키는 자극적인 놀이를 잦아들게 할 제동장치는 정말 없는가. 다행이다. 미미하지만 길고 오롯한 목소리가 들린다. 그들의 외침은 가늘고 작지만 그래도 그들 때문에 미래를 기대한다. 얼마 전 《채식주의자》라는 소설을 읽었다. 그녀는 인간의 폭력성이 육식 문화에 있다고 주장한다. 어느 날, 그간 먹어왔던 고기들이 짓이기고 뭉개져서 몸 구석구석에 쌓여 악취를 풍기는 꿈을 꾼다. 그 후로 육식을 거부한다. 지금껏 먹은 많은 목숨이 끈질기게 명치끝에 들러붙어 자신을 괴롭힌다고 말한다. 육식을 제외하고 보니 먹을 게 별반 없다. 하루하루 말라가는 그녀를 가족들은 정신병에 걸렸다고 단정한다. 보편적인 문화에 길들인 세상 사람들도 그녀를 조롱한다. 평범한 일상을 꿈꿔온 남편은 아내의 돌발행동을 도저히 받아들일 수 없다. 쑤군거리는 군중들 사이에서 고민 없이 아내와 타인이 되기로 결심한다.

우리가 사는 현실 세계를 이 소설처럼 극단의 상황으로 설정한다면 당연히 무리가 따르겠다. 주인공이 단지 꿈 때문에 죽음을 불사하며 육식을 거부하는 완강함도 눈에 거슬린다.

다만 잠깐이라도 무심히 행해온 일로 상처받은 사람은 없는지 살펴볼 일이다.

 그녀의 주장대로 우리는 무고한 목숨을 참 많이도 취해 왔다. 거리낌 없이 먹고 마시면서 목숨의 존귀함은 쓰레기통에 버린 지 오래임이 사실이다. 애초에 가졌던 순수를 어디서 어떻게 잃게 되었는지 돌아보고, 이 위험천만하게 돌아가는 세상에 편승한 자신을 점검할 일이다. 언제부턴가 웬만한 일에는 꿈쩍 않는 우리의 심장을 되살려야 한다.

 돈 사냥꾼에게 치고받고 싸우는 싸움판만큼 매력적인 수단이 또 있을까. 구경하면 싸움 구경, 불구경이라 했다. 그들은 맘대로 되지 않는 세상살이를 스크린에서나마 위안을 얻고 싶은 인간의 심리를 교묘하게 이용하고 있다. 비열하게 돈을 만드는 그들은 사람들의 눈과 귀를 멀게 하더니 급기야 잠자던 인간의 폭력성에 불을 지핀 것이다.

 오늘따라 유난히 동화처럼 살다 가신 권정생 선생이 그립다. 그는 《하느님의 눈물》에서 주인공 돌이 토끼를 통해 이렇게 애원했다. 돌이 토끼는 자기가 살려면 남의 목숨을 취해야 하는 서늘한 진리 앞에 하루 종일 먹지도 못하고 괴로워한다. 우연히 하나님을 만나 그 해답을 듣는다. 하나님은 무얼 먹고 사는지 물었더니 보리수나무 이슬과 햇살 한 줌, 바람 한 줌을 먹고 산단다. 밝은 낯빛으로 자신도 그렇게 되게 해달라고 청한다. 하느님처럼 먹게 되면 다른 목숨을 취하지 않아도 되니 얼마나 다행한 일인가. 그러나 하느님은 조건부로 약속한다. 세상 사람들이 돌이 토끼같이 맑은 마음을 가지는 날, 그런 날을 주겠다는 것이다. 그러나 어제처럼 오늘도 하늘에서는 눈물방울이 멎지 않고 있다는 슬픈 이야기이다.

여전히 아니 오히려 점점 더 포악해지는 세상이니 하느님의 눈물이 마를 날이 없겠다. 돌이 토끼가 소원을 이루기는 쉬운 일이 아니나 무고한 생명을 상하게 하는 것이 괴로워 종일 굶었던 돌이 토끼를 이해하는 마음이 늘어나길 바란다. 생명을 상하게 하는 것이 오락이라는 명분으로 포장되는 일은 없어야겠다.

아버지의 사하라

시아버지를 괴롭히는 건 당연히 잡초다. 뽑을수록 더 고개를 빳빳이 쳐드는 잡초가 성가셔 미칠 지경이란다. "농삿일, 이 나이에도 할 만한데 풀매기는 참말 힘들대니께."

점심때가 되었는데 기척이 없어 밭에 나가 보았다. 팔순을 훌쩍 넘긴 시아버지는 허리를 콩 벌레처럼 궁굴린 채 풀을 뽑고 있었다. 참깨밭에 나는 잡초를 잡으려고 땅을 갈아엎고 거기다 비닐로 숨도 못 쉬게 꽁꽁 싸매두었는데, 그런 아버지의 노력을 희롱하듯 얼마 안 되어 잡초는 또 삐질삐질 삐져나왔다. 순식간에 번져 나무만 한 풀이 밭 전체에 덥수룩이 덤불을 이루었다. 세상 빛 못 보게 해주겠다던 아버지의 야심 찬 계획은 허사가 되었다. 비닐의 효능은 생명력 강한 잡초 앞에서 허망하게 무너졌다. 열악한 환경에서도 살아남은 풀은 사방으로 가지를 뻗었다.

땅은 종류에 상관없이 어떤 생물이건 품어 안는 습성이 있다. 사람들이 갈라놓은 나물과 풀의 경계를 구분하지 않는다. 당연한 일이고 겸허히 받아들여야 하는데 땅에 의지해 살아가려니 불만스러울 때가 많다. 내게 필요한 것은 나물이지 풀이 아니다. 땡볕에 살갗을 태우며 풀과 씨름할 때는 공정한 땅이 눈치 없이 설치는 것 같아 그럴 수 없이 밉다.

공정하기로 치면 몇 달 전에 본 사하라만 할까. 아프리카 서북단에 있는 모로코, 카사블랑카에 도착하여 남쪽으로 한참을 가니 불규칙하게 솟은 돌산이 도로 양옆으로 끝없이 이어져 있었다. 자갈밭 같기도 하고 바위 둔덕 같기도 한 그곳은 그나마 간간이 생명을 허락했다. 서사하라가 시작되는 지점에 이르니 지금껏 본 사막과는 또 다른 사막이었다. 붉은 모래가 여러 겹의 둔덕을 만들어 그들의 그림자로 태양의 열기를 식히고 있었다. 한참을 바라보아야 하늘에 가닿을 만큼 광활한 대지, 그 너머에도 붉은 바람이 춤추는 사막이 이어졌다.

사하라는 살아보려고 기를 쓰는 한 톨의 풀도 허락하지 않았다. 모래를 뒤집어쓰고도 다시 일어서려는 생명을 바람을 시켜 가차 없이 허리를 꺾어버린다. 무엇이든 허용하는 이곳이나 아무것도 허락하지 않는 그곳이나 공정하기로는 마찬가지 같았다.

늦은 오후에 사막 깊숙한 곳에 도착했다. 붉은 모래가 햇살을 받아 더욱 불타고 있다. 결 따라 겹치고 멀어지기를 반복하더니 어느 지점에서 우뚝한 봉우리를 만들기도 한다. 그저 바라보는 것만으로 가슴이 뛴다. 수백 킬로 가뭇없이 이어진 붉은 모래벌판은 고독이 빚은 걸작이다. 사하라는 한 톨의 생명도 허락하지 않으려고 거부하고 토해 내면서 지난한 시간을 홀로 견디었으리라. 속으로 침잠하면서 태우고 불살라 마침내 스스로를 완성하고 있었다. 잘게 더 잘게, 자신이 사라져야 마침내 거대한 하나로 다시 태어나는 진리를 몸소 받아들이기까지 얼마나 많은 인고의 시간을 보내야 했을까. 우유처럼 순한 성정을 갖기까지 숱한 세월 잘 이겨내 한 폭의 수채화가 되었다고 생각하니 가슴이 뛴다. 자유롭게 노닐다가 훌쩍 떠나는 바람만은 붙들고 싶었던 거다. 결결이 지문을 새겨, 슬프도록 아름다운 문양으로 그를 기리고 있지 아니한가.

내가 왜 이토록 이곳에 오고 싶었는지, 막연히 꿈꾸었던 사막 바라기의 시작을 알 것 같았다. '그래 그것이었어.' 세상과 부딪혀 힘을 잃었을 때, 절망하여 길이 보이지 않을 때, 막연히 사막을 꿈꾸었다. 사막을 가리라. 그곳에 가면 위로가 될 것 같았다. 상상만으로도 힘이 생기곤 하여 당황스러울 지경이었는데, 와서 보니 무의식 속에 자리한 사막의 힘을 알 것 같다. 이곳은 삭막한 정서가 올곧은 지조로 살아남아 한 폭의 그림을 완성한 처절한 삶의 현장이 아닌가. 하늘도 감동하여 붉은 바다로 다시 태어난 사하라가 어떻게 살아야 할지 어디를 향해 가야 할지 이정표를 건네준 것 같아 고마웠다.

칼날처럼 날 선 둔덕 위를 올라가 보았다. 형체 없는 자디잔 모래가 저들끼리 의지해 탑을 쌓듯 한 담 한 담 올라섰다. 발 하나 디딜 수 없을 만큼 가파른 정상이었다. 연신 모래는 아래로 곤두박질쳤다. 오르면서 미끄러지기를 반복하며 마침내 둔덕을 만들어 쏟아지는 태양을 피했으리라.

숙소로 돌아가는 길, 제 길인 양 느릿하게 걷는 낙타에 몸을 실었다. 누군가가 사하라를 뜨겁게 달구던 한 낮의 열기를 걷어 서녘 하늘에 걸쳐두었다. 몸을 감추고도 해는 주변에 빗금으로 존재했다. 사선으로 반사되어 나를 감싸는 사하라의 태양은 힘이 많이 빠졌다. 무쇠도 삼킬 듯한 붉은 기운이 아지랑이처럼 순해졌다. 엄마의 품속처럼 나를 감싼다. 강한 거나 부드러운 것이나 한 가지에서 났다는 생각에 이르자 그간의 일이 후회되었다. 부드럽게 다가서지 못하여 잃은 사람들, 나약하여 자신조차 지키지 못해 절망한 나날들….

다음 날, 동트기 전에 다시 사막에 가보았다. 이게 어찌 된 일인가. 한낮에 그리도 공들인 바람의 수고를 깨끗이 거두어

갔다. 더 이상 바람에게 지문을 허락하지 않았다. 화려하게 수놓은 음양의 입체감을 아무것도 아닌 양 허물어버리다니. 이렇게 도발하면서 사하라는 말간 얼굴로 능청을 떨었다. 처음 맞는 낯선 손님인 양 나를 반겼다. 사하라의 서늘한 일면에 오싹 긴장하고 있는데 태양이 사방을 붉게 물들이며 그의 존재를 과시했다.

어제 몰락한 해가 다시 동녘 너머에서 고개를 내민다. 붉은 해는 단숨에 주변을 굴복시킨다. 사하라의 언덕마다 붉은 기운을 받아 다시 살아나는 것이다. 숨이 멎을 듯 황홀한 지경이다. 나도 모르게 두 손을 모으고 중얼거리기 시작했다. 소중한 사람들의 안녕을 힘센 태양에게 빌고 빌었다.

시아버지는 반쪽이었던 어머니와 몇 달 전 긴 이별을 했다. 그럴 수 없이 너그러운 말동무를 잃었으니 오죽 허허로울까. 아버지는 아마 사막 하나를 가슴에 들였으리라. 거친 바람이 휑한 마음을 훑고 지날 때면 땅에 코를 박고 할 일을 찾았다. 엄한 풀과 전쟁을 벌이는 아버지에게서 사하라사막을 본다. 당신 땅엔 한 톨의 풀도 허락할 수 없다는 결연한 의지가 사막을 닮았다. 불볕더위에 궁굴리고 앉아 풀과 씨름을 해서인지 부쩍 쇠약해졌다. 그러나 아버지는 되든지 안 되든지 가던 길을 계속 갈 모양이다. 땅의 정의에 맞서 싸우는 아버지를 응원한다. 당장은 너덜너덜 찍히고 상해도 결국 당신의 수고가 가져올 찬란한 미래를 믿는다. 사하라의 빛나는 아침처럼.

끝없는 질문

 정말 인간은 지구촌의 안녕을 위해 같은 꿈을 꾸는 걸까요? 방법이 다를 뿐 종착지는 같다는데 믿음이 가나요? 아무리 힘주어 말해도 미래는 아득하기만 해요. 당장의 모습은 아수라 그 자체거든요. 지향점이 두 개면 어떤 일이 벌어질까요? 이 합과 집산의 파노라마에서 우리는 지금 어느 지점에 서 있을까요?
 수백 년 전에도 지구촌은 들끓었어요. 대항해시대가 열리면서 세상은 지렛대가 고장 난 거대한 작업장 같았지요. 지리적으로 척박한, 그래서 바깥세상에 관심이 많았던 유럽인에게 신대륙이 먼저 눈에 띄었지요. 얼마 안 되는 원주민을 제압하기는 식은 죽 먹기였어요. 회유하거나 없애거나. 솜털보다 가벼워 발에 걸리적거리는 그들이 불편할 따름이었어요. 오대양 육대주를 샅샅이 훑어 그들의 땅으로 삼았어요. 뒤쫓는 세력이 많아 그들과 땅따먹기에 혈안이 되었어요. 저들끼리 만든 법으로 자기 땅이라 깃발을 꽂는 거예요. 자연에 의지해 겨우 살아가던 신대륙의 원주민도, 동방의 나름 고수도 속수무책으로 그들의 안방을 내주어야 했어요.

뒤늦게 합류한 서방의 어떤 나라는 먼저 많은 땅을 차지한 이웃이 눈엣가시였어요. 우월한 인종임을 내세워 결속을 다지기도 하고 비슷한 처지에 있는 나라를 끌어들여 땅따먹기에 동참했어요. 세상은 또 아수라장이 되었지요. 모두가 지치는 지난한 싸움이었어요. 나머지 나라들도 가만있지 않았어요. 제국주의에 맞서 힘을 모아야 했어요. 시작이 정의롭지 못하다 비난도 했지만, 힘을 가졌으니 별수 없이 그 나라를 중심으로 뭉치기 시작했어요. 그들을 혼내줄 신형 무기가 양산되고 갖은 힘을 써 그들을 저지했어요. 드디어 항복을 받아내고 배상 문제를 비롯한 국제 규범을 만들었어요. 수백 년 전에 강탈한 땅을 돌려주기 시작하더군요. 지구촌은 법 아래서 의젓하게 행동하기 시작했어요. 그럭저럭 세상은 잠시 평화로운 듯했어요.

그러나 여전히 폭풍 전야처럼 위태로웠어요. 언제 어디서 터질지 모르는 위험천만한 공포가 도사리고 있었어요. 여러 곳에서 고르지 못한 대우에 불만이 쌓여갔어요. 대지는 울퉁불퉁 가시밭길이더니 아니나 다를까 서방에서 신호탄을 쏘아 올렸네요. 이념이 다른 주변국의 결집이 불편했던 모양이지요. 원래 자기 땅임을 주장하며 시민을 볼모로 미사일을 날리고 있어요. 합의를 어겼다는 명분을 내세웠지만 결국 많은 땅을 차지하려는 속셈 아닐까요. 애초에 자기 땅이 있었나요. 누가 정해준 선 긋기인가요. 진정 여전히 계속되는 먹고 먹히는 힘의 논리를 잠재울 방법이 없을까요.

더 큰 문제가 예상되네요. 오랫동안 생각이 다른 두 집단을 법으로 한곳에 묶어두었거든요. 서서히 헐거워지더니 생각이 같은 사람들끼리 다시 뭉치려 하고 있어요. 세상은 또 두 동강이 나겠지요. 이러지도 저러지도 못하고 우물쭈물하다가 우리나라처럼 동토의 땅에서 요원한 숙제를 안고 살아가게 되면 어쩌나요.

평온한 일상이 예사롭지 않아요. 정치는 정치로 끝나는 게 아니잖아요. 경제 논리를 교묘하게 끌고 와 정치꾼이 조종하려 드는 게 더 문제잖아요. 경제는 이념을 초월하여 하나로 뭉쳐왔거든요. 살아남으려면 힘을 합칠 수밖에 없었으니까요.

어쩌면 좋아요. 고삐 풀린 망아지가 초원을 휘젓고 있어요. 지구촌을 무대로 자유롭게 뻗친 혈관이 막혔는지 여기저기서 툭툭 불거져 나오는 소리가 들려요. 온갖 구정물이 입자를 확장하며 팝콘처럼 외부로 튀어나올 기세네요. 얼마 안 되어 맨

솥 뚜껑을 박차고 끓어 넘칠 텐데 그땐 어째야 좋을까요.

이럴 땐 매스컴의 발달이 원망스러워요. 눈만 뜨면 세상 들려주기 바쁜 소리통이 차고 넘쳐흘러요. 모른 채 살고 싶어도 가만 놔두지 않아요. 절망과 불안이 하루를 우울하게 만드는 거예요. 무고한 사람들이 죽어가고 있는 현장에서 그나마 비켜나 있는 게 다행이다 여기며 살아야 하나요? 깊게 들여다보면 볼수록 나의 하루가 엉망이 되는 거예요. 21세기에 이게 가당키나 한 일인가요. 아직도 인간에게 기대할 뭔가가 남아 있나요?

며칠 전 일상에서 스스로 절망의 청사진을 증명한 것 같아 찜찜해요. 생각이 다른 친구와 오랫동안 정답게 지냈어요. 이념 외에도 공통의 관심사가 많았거든요. 서로의 아킬레스건을 존중하며 별 탈 없이 지냈어요. 그런데 운명의 시간이 오고야 말았어요. 애써 잠재우던 화근을 끄집어낸 거예요. 순식간에 자기의 입장을 드러내며 서로를 비난했어요. 순간 세상은 얼어붙었어요. 참아왔던 그간의 일들이 봇물 터지듯 쏟아졌어요. 다시는 안 볼 것처럼 씩씩거리며 자리를 뜨고 말았지요. 참을 수 없는 존재의 가벼움을 어찌해야 좋을까요.

언제부터 사회가 이리도 얼어붙었을까요? 세상을 바라보는 시각이 너무도 단호하여 상대를 설득하려는 사람은 무모한 사람이 되고 말아요. 서로의 입장을 나누고 좋은 것을 찾아가는 열린 세상은 정말 없는 건가요. 태어나면서부터 하나의 생각만 들고나온 사람처럼 모두가 외고집이네요.

 집에 와 곰곰 생각해 봤어요. 이런 세상에서 생각이 같은 사람을 만나는 게 더 신기한 일 같더군요. 다름은 자연스러운 일이라 생각하기로 했어요. 내가 먼저 소식을 전하고 싶었어요. 변함없는 일상을 톡으로 남기고 나니 가슴이 뿌듯하더군요.

 개인이 모이면 조직이 되고 국가가 되고 지구촌이 되잖아요. 물론 조직이 커질수록 훨씬 더 복잡한 문제로 얽히겠지만요. 나의 일상처럼 여전히 불안한 지구촌의 용트림을 잠재울 신박한 아이디어 뭐 없을까요?

그림자의 힘

 인류는 정착하면서 외부로부터의 공격에 대비해야 했다. 울타리가 굳건하지 않아 차지한 터를 엿보는 무리가 많았다. 그들과 싸우려면 뭉치는 길이 유일했다. 밖의 사람들을 물리치는 데 안의 사람들을 다독여 뭉친 힘을 이용했다. 그 힘은 외부의 적을 물리치는 데만 쓰이지 않고 밖이 잦아들면 안의 권력을 위해서도 기꺼이 활용되기 시작했다.
 삼삼오오 모이게 된 공동체는 세월 따라 분화되어 엄청난 갈래로 흩어졌지만 거슬러 올라가면 인류의 조상은 하나다. 인종, 종교, 신념에 따라 또는 관습에 따라 끼리끼리 모였다 흩어지기를 반복해왔다. 공존하기보다 배척하는 길을 택할 때가 많았다. 나와 다르면 울타리를 치고 안에 든 자들끼리 결속을 다졌다. 밖의 사람들은 분노하다가 또 그들끼리 뭉쳐 새 세상을 꿈꾸었다. 아군과 적군으로 구분하여 세상은 전쟁터가 되었다.

　보잘것없는 인류의 역사다. 들여다보면 볼수록 한없이 초라한 성적표다. 역사는 끊임없이 발전한다고 주장한 한 역사학자의 말이 무색하다. 무엇이 발전이란 말인가. 과학의 발전으로 한 번도 경험해 보지 못한 문명시대가 열리고 있지만 과학의 발전은 고도의 무기를 양산하는 도구로 쓰이는데 그것도 발전이 맞는가.

　먹거리를 찾아 정처 없이 떠돌아다녔다면 힘을 모으지 않았을까. 정착하기 시작하면서 많은 부작용을 낳은 게 사실이다. 뭉치면 큰 힘을 발휘해 적의 공격에 맞설 수 있었다. 그러나 최소한의 먹거리를 확보하는 데 한정할 수 없는 게 문제였다. 욕심은 문어발처럼 여러 갈래로 뻗어 나갔다. 더 많은 땅과 먹거리를 확보하기 위해 온갖 비열한 지혜를 모았다. 살아남기 위해 궁리한 조직이 상대적 우월감을 맛보고 싶어 안달하는 자들의 전략적 도구로 쓰이고 말았다.

　조직은 과감하다. 많은 사람의 결합체인 조직은 구성원이 여럿이라 책임도 분산되는 특징이 있다. 여럿의 판단이니 그르지 않을 거라는 확신이 집단적 광기 같은 위험천만한 일을 강행하는 동력이 된다. 혼자 책임져야 할 일이 없으니 무서울 것도 없다. 때로는 괴물이 되어 한 개인을 무참히 무너뜨려도 염치를 모른다. 자신의 이름을 걸면 신중해지지만 조직 뒤에 숨으면 용기가 샘솟기 때문이다. 뚜렷한 흔적을 찾을 수 없으니 추궁도 형식적으로 행해지다가 힘없이 끝나고 마는 게 다반사다. 조직은 얼굴 없는 칼잡이다.

조직은 가학적이다. 건드리고 싶지 않은 불편한 진실을 거뜬히 들추어내어 문제의 원인을 도려낸다. 피도 눈물도 없다. 대면하면 상대의 아픔이 고스란히 전달되지만, 조직은 실체가 없어서 로봇처럼 결과만을 따지고 눈물을 찍어내지 않는다.

히틀러는 독일인에게 유대인에 대한 불평불만을 정면으로 들추어낸 인물이다. 드러내고 싶지 않은 악의 이면을 끄집어내어 정치적으로 이용했다. 일자리를 뺏는 이방인을 몰아내고 싶은데 그래도 인간적인 마음으로 망설이던 참이었다. 히틀러는 악한 면을 누그러뜨리느라 애쓰는 시민의 마음에 불을 지폈다. 그럴 수밖에 없는 그들의 행동이 정당하다고 부추겼고 시민들은 그의 현란한 수사에 넘어가 루비콘강을 건너고 말았다. 히틀러가 그들의 일상을 구제해줄 권능한 자로 보였고 히틀러의 조직이 자행하는 비인간적인 행위를 열렬히 응원했다.

히틀러를 따르던 전범 무리의 훗날 인터뷰 영상을 보면 소름이 돋는다. 하나같이 "내가 한 일이 아니다. 다만 조직을 따랐을 뿐."이라며 항변한다. 조직의 일원으로서 마땅히 해야 할 일을 했을 뿐이라는 것이다. 천만 명이 넘는 무고한 목숨을 학살한 광기를 조직이 시켜서 어쩔 수 없이 따랐을 뿐이라 말한다.

한나 아렌트는 많은 사람이 당연하게 여기고 평범하게 행하는 일이 악이 될 수 있다고 경고한다. 악의 평범성이라 일컫는 이것은 평범한 국민이 국가를 따랐을 뿐인데 나도 모르게 악의 무리가 될 수 있다는 서늘한 논리이다. 그의 논리가 맞는다면 그들은 아무것도 모르고 저지른 일이라 할지라도 분명 악인이 맞다. 조직 뒤에 숨어 비굴한 변명만 늘어놓을 뿐이다.

국가는 조직의 최고봉이다. 국가의 이름으로 행해지는 못된 짓을 우리는 무수히 보아왔다. 땅따먹기가 한창이던 제국주의 시대에는 조직의 힘이 대단했다. 자국의 이익을 위해서는 똘똘 뭉쳤다. 명분 없이 상대국을 공격해도 애국자라 추앙했다. 오늘 아침에도 남편과 설전이 오갔다. 러시아의 우크라이나 침공을 두고 주장이 갈렸다. 남편은 푸틴을 자극한 서방국가와 미국의 태도가 문제라 말하고 난 그렇다고 무고한 시민을 도구로 이용하여 학살한 푸틴이 더 나쁘다고 반박했다. 선악의 문제가 아니고 이익에 따라 움직이는 국제 질서를 따져봐야 할 문제라 말하는 남편의 주장을 모르는 바는 아나 남편을 비롯하여 모두가 인간이라면 지켜야 할 선을 가볍게 여기는 것 같아 화가 치밀었다. 조직을 앞세우면 전쟁까지도 정당해지는 현실이 섬뜩하게 다가왔다. "알써, 그만 얘기하자구." 좁힐 수 없는 견해차를 무마하고 보니 속이 답답했다.

그래서 조직의 지도자는 도덕적이어야 한다. 선한 영향력을 끼칠 수 있는 사람이어야 평화를 기대할 수 있다. 조직 뒤에 숨어 조직의 익명성을 이용해 악한 마음을 부추기는 지도자는 국민을 파멸로 이끈다. 능력 위주의 사회를 추구하는 지도자의 논리가 잘못된 게 아니다. 다만 약한 자의 아픔에 공감하지 못하면 저돌적인 조직의 하수인으로 전락하기 쉽다는 게 문제다. 능력주의의 함정이 여기에 있는 것이다.

거대해진 조직이 권력을 휘두르면 불행이 시작된다. 검찰의 개혁이 세간의 화두가 된 지도 오래되었다. 수사권과 기소권을 양날의 검처럼 쥐고 있는 검사는 우리나라가 유일하다. 수사와 기소의 주체는 당연히 분리되어야 맞다. 편중되고 비대해진 권력은 사사로운 이해관계에 따라 판단력을 잃고 만다는 사실을 우리는 유구한 역사를 통해 얼마나 많이 보아왔는가.

어떤 조직이든 내로남불의 사고에서 벗어날 수 없다. 나에 대한 확신이 어디서 오기에 그렇게 굳건한가. 인간은 절대 완전하지 않아서 틈만 나면 이기적인 모습을 드러내고 싶어 안달인데 말이다. 사람을 살리는 일에 앞장서는 성숙한 자만이 조직에 기댈 자격이 있다. 숲은 보지 못하고 나무에만 매달리는 옹졸한 지도자가 세상을 더욱 혼란스럽게 한다. 그림자를 등에 업어 나쁜 짓을 해도 자유로운 세상, 생각만 해도 끔찍한 일이다.

조직이나 그것을 이끄는 지도자나 그림자를 쫓지 말고 그 안에 깃든 영혼의 목소리에 귀 기울일 일이다.

마스크 소동

 넓고 반듯한 이마와 서글서글한 눈매, 허스키한 말투. 친구의 말에 맞장구만 칠 뿐 웬만해서 자신을 내세우지 않는다. 어지간한 일은 그녀의 아량이 다 덮어줄 것 같다. 웅숭깊은 마음에 성큼 마음이 가고 그녀가 점점 더 궁금하다.
 마스크 덕에 처음부터 하관은 가린 채 만났다. 몇 번 보지 않았는데 첫인상이 좋아 나도 모르게 그녀를 불쑥 내 안에 들였다. 그러다가 마스크 벗은 얼굴을 보았다. 얇고 자그마한 입술, 날렵하고 뾰족한 턱. 헉, 상상한 모습이 아니다. 한없이 너그러울 것 같던 그녀의 일상은 자로 잰 듯 빈틈없어 보인다. 갑갑하고 낯설다. 내 안에 자라난 그녀와 느닷없이 불쑥 나타난 그녀가 마치 다른 사람인 양 서로를 응시하고 있다.
 잠시 허둥대다가 다시 찬찬히 그녀를 본다. 다행히 말투나 행동은 변함없는 그녀다. 채 알기도 전에 첫인상만으로 맘대로 생각하는 위험한 버릇이 또 화근이려나, 게다가 절반밖에 보지 않고서….

그래도 모습은 실체가 있으니 보지 못한 부분은 이렇게 다시 마저 보면 된다. 몸짓과 말이라는 옷을 입고 얼굴을 바꾸는 카멜레온 같은 마음이 더 문제다. 불리하다 싶으면 쉬이 숨어버리고 이익 앞에서는 선수를 치는 마음이란 놈은 참으로 간사하기 짝이 없다. 내보이는 마음과 꼭꼭 숨겨둔 마음이 달라 당황할 때가 한두 번이 아니다. 시시각각 변하는 마음을 보면 때로는 나 자신도 내가 어떤 마음을 가졌는지 모르겠으니 사람 상대하기가 여간 어려운 게 아니다. 그렇다고 보이지 않는 마음이 두려워 지레 관계를 포기할 수도 없는 일 아닌가.

타향에서 시작된 결혼 생활은 섬처럼 고독했다. 남편의 극진한 사랑도 그가 없는 낮 동안에는 힘을 잃곤 했다. 아이가 태어나고 더 많은 상실감에 시달렸다. 그러던 어느 날, 비슷한 처지에 있던 한 친구를 만났다. 친구는 유난히 첫인상이 좋았다. 한낮의 햇살처럼 환하게 웃는 얼굴을 보니 마음도 고울 것 같았다. 그녀의 친절은 자석처럼 내 의식을 끌어당겼고 단숨에 그녀에게로 갔다. 가는 곳마다 그녀가 보였다. 어깨를 짓누르는 육아의 무게도, 처음 겪는 아이 교육 문제도 그녀와 머리를 맞대니 한결 가벼웠다. 30대를 넘어 40대를 지나고, 꽤 오랫동안 내 시간은 친구의 시간과 함께 흘렀다.

그러다가 이해관계에 얽히고 말았다. 내가 알던 친구는 실망스런 선택을 했다. 다 알고 있다고 믿었던 친구의 속마음이 불쑥 튀어나왔다. 이익 앞에서 저울질하는 친구가 낯설게 다가와, 그때부터 나도 속마음을 감추기 시작했다. 자연스레 틈이 벌어지고 스스럼없던 사이는 금이 가기 시작했다. 함께했던 수많은 시간이 주마등처럼 스쳐 지났다. 보이지 않는 못된 마음이 진하게 쌓아온 우정을 맘대로 흔들어 댔다. 돈보다 친구를 잃은 그날의 허탈함은 두고두고 나를 힘들게 했다.

사이는 뜸해졌지만, 이후에도 그녀와 나의 시간은 습관처럼 함께 흘렀다. 그녀의 소소한 일상이 멀리서도 가깝게 들려왔다. 의식 깊숙이 자리 잡은 그녀를 쉽게 떠나보낼 수 없었다. 진눈깨비 흩날리는 오늘 같은 날이면 유난히 친구가 보고 싶다.

이렇게 여러 번 돈도 친구도 잃어보지만, 여전히 첫인상이 좋으면 훅 마음을 빼앗기고 만다. "당신은 참, 사람 볼 줄 몰라." 남편의 충고도 소용이 없다. 마음을 다하는 첫 만남의 속성 때문인지 처음 보면 좋은 것만 눈에 들어온다. 어수룩해 보이면 계산적이지 않을 것 같고 낯빛이 어두우면 진중해 보여서 좋다. 명랑 쾌활하면 주변을 유쾌하게 물들일 것 같고 적극적이면 걱정 없이 묻어갈 수 있을 것 같다. 보이는 것만도 좋은 것이 이리 많은데 보이지 않는 마음까지 헤아릴 일인가 싶다.

몇 번의 실망은 있었지만 생각해 보면 그래도 좋은 사람일 거라는 믿음을 삶은 배반하지 않았다. 주변에 많은 사람이 북적이는 걸 보면 아무래도 첫인상에 후한 탓이 아닐까 싶다. 서툰 사람 배반하지 않고 처음 본 대로 곁에 머물러준 그들이 그저 고맙다.

〈시크릿 더 무비〉라는 영화가 이런 나의 신념을 뒷받침해 주는 것 같아 안심이다. 남편을 여의고 홀로 세 아이를 키우는 여자는 걱정이 많다. 현실이 버거웠기에 그려보는 미래도 불안하다. 비관적인 생각은 현실을 더욱 암울하게 만들었다. 그런 그녀에게 한 남자가 다가온다. 간절히 원하면 우주의 기운이 하나로 뭉쳐 도와준다고 믿는 그다. 멀리 있는 철도 단숨에 끌어당기는 자석처럼, 우리에게도 언제든지 끌어다 쓸 수 있는 강력한 힘이 내재해 있다고 말한다. 부정적인 생각은 무력하게 하지만, 생각이 긍정적이면 어딘가로부터 밀려온 힘이 우리의 든든한 지원군이 된다는 것이다.

세상의 모든 불행은 자신을 위해 준비되어 있다고 믿었던 그녀, 부정적인 생각은 무한 긍정의 그를 만나 차츰 변해간다.

생각을 바꾸니 토네이도에 날아간 지붕이 거짓말처럼 새 지붕으로 단장을 한다. 생각지도 않았던 곳에서 여러 손길이 그녀를 돕겠다고 나서고, 잘 될 거라 믿으니 희한하게 기대하던 것들이 현실이 된다. 단지 생각을 바꿨을 뿐인데, 놀라운 일이 벌어지는 신기한 경험을 하면서 그의 충고를 신념처럼 받아들인다. 다시 보니 그녀 주변에는 이미 행복해질 조건들로 가득 차 있는 게 아닌가. 믿음대로 흘러가는 세상이 고마워 마침내 그녀는 환호성을 지른다.

마스크 때문에 첫인상이 굴절될 때가 많지만 보이는 대로 보아 좋으면 그만이다. 마저 보고 잠시 당황스러웠지만, 그녀도 이내 첫인상처럼 좋은 사람일 것 같다. 잘못 본 것이 아니라 보이는 것을 선입견 없이 오히려 제대로 본 것이다. 작은 입에 가려서 보지 못할 뻔한 서글서글한 눈매, 반듯한 이마가 그의 실체다.

그러고 보니 엄격해 보이던 작고 얇은 입술은 진중해 보여 믿음이 간다. 덤벙대다 실수가 잦은 내게 안성맞춤이지 싶다. 말썽을 피울 때마다 단번에 해결해줄 것 같아 자꾸 기대고 싶은 그다. 첫인상이 좋았던 그녀가 마스크를 벗고도 여전히 나를 향해 웃고 있다.

마스크 소동

586

 법무부 장관 후보자 때문에 세상이 조용할 틈이 없다. 한 달이 넘도록 세상은 용광로처럼 타오르고 있다. 부정과 비리가 많아 적합하지 않다는 여론이 지배적이다. 딸아이의 입시 특혜와 사모펀드의 의혹이 세간의 관심인데 보도가 사실이라면 개혁의 선두 주자인 그가 누구보다 앞장을 서서 특혜를 누렸다. 학생들은 후보자 사퇴를 외치며 촛불을 들었다. 지식인으로 대표되는 교수의 카르텔을 거리낌 없이 누려온 그의 이면을 보면서 상대적 박탈감에 분노한다. 양심과 정의에 따라 고결하게 살아온 그라고 생각하였는데 현실은 여느 사람들과 다르지 않았다. 오히려 남들보다 많이 누렸으면서 입으로는 '공정한 세상'을 외쳤으니 그의 죄가 더 크다. 사람들은 반전이 있는 소설에 열광하는 법, 그이기에 더욱 용서할 수 없는 결말이다. 어리둥절하면서도 태풍에 쓸려가듯 상상의 나래를 펼치고 있다. 지금까지의 여론이 옳다면 반전의 재미를 국민에게 아낌없이 선사한 그다.

청문회가 있던 날, 진실을 밝혀낼 의사는 없고 어떻게 하면 죄를 덧씌워 정적인 그를 낙마시킬까만 궁리하는 야당 의원들, 시답지 않은 말로 소모전을 펼치는 모습을 보노라니 화가 치밀어 애꿎은 TV에 화풀이를 했다. 그런데 끄고 켜기를 반복하면서도 열두 시간이 넘게 TV 앞을 떠나지 못했다. 성과는 지리멸렬, 국회는 아수라장이 되고 말았다. 뒷골목 패거리를 연상하게 하는, 졸렬하고 저급한 수준이었다. 청문회의 본질에 접근해 보려는 자는 없다. 어떻게 하겠다는 정책 제안은 없고 상대를 흠집 내어 좋지 않은 여론을 조장하는 것이 제일 목적인 것 같다. 또 한쪽은 모르쇠로 일관하며 끝까지 버티는 것이 지상 과제처럼 보인다.

여도 야도 국민은 안중에 없고 그들만의 리그전에 열을 올린다. 누가 더 오래 살아남느냐가 관건이다. 밥벌이가 목적인 그늘의 서글픈 현실만 여실히 보여주고 있다. 사실을 드러내고 이해하고 객관적으로 판단하는 장이길 바라는 의원이 몇이라도 있었다면 이런 파행은 막았을 텐데. 국회의 민낯을 드러낸 그들은 최소한의 염치도 없는 무뢰한이다.

이런 일련의 과정을 겪으면서도 꼼짝하지 않고 앉아 있는 그가 선뜻 이해되지 않는다. 그는 어떤 의무감을 짊어졌기에 조롱과 수모를 온몸으로 받으며 저 자리를 지키려 하는가. 설사 하늘을 향해 한 점 부끄럼이 없어도 비난의 화살이 쏟아지는 지금의 현실을 견디기는 쉽지 않아 보인다. 누구나 부러워하는 자리에서 세상 편하게 살 수 있는 그인데 시대의 부름이라 여기고 겸허히 응했을 터, 그러나 생각과는 너무도 다른 세상이 기다리고 있었다. 강남좌파인 신분을 당당히 밝혔던 그, 그것이 비수가 되어 스스로를 찌르고 있다. 동시대를 살아온 나도 별반 다를 게 없는 것 같아 고개 들기가 두렵다.

386세대가 세월을 넘어 지금은 586이 되었다. 변혁의 주체로 분연히 일어나 독재 정부를 무너뜨리고 자유를 얻었다. 세상이 안정되면서 일부는 노동 현장으로, 정치인으로 변혁을 꿈꾸며 가던 길을 계속 갔지만 대부분은 평범한 삶으로 돌아왔다.

그때부터 또 다른 인생이 기다리고 있었다. 인생 2막이 시작되면서 냉혹한 현실을 살아내야 했다. 가정을 이루고 보니 책임져야 할 가족도 생겼다. 그들의 미래를 누구보다 응원하며 성실한 어미, 아비의 역할을 다하고자 했다. 치열하게 살아 마침내 단단한 기반을 만들었고 그것이 가족에게 든든한 뒷배가 될 때마다 뿌듯했다. 그러는 사이 기반에 대한 고민은 시나브로 잊고 살았다. 강남에 사는 좌파가 은근히 자부심인 듯 밝혀온 그처럼 586세대는 너도나도 세상살이에 젖어 들었다. 여전히 이상은 하늘에 닿아 있지만, 기반이 되는 현실을 벗어나지 못하였다. 내려놓아야 할 기득권을 제도 내에서는 얼마든지 누려도 되는 줄 알았다. 말과 행동이 일치하지 않을 때마다 '그래도 이 정도쯤이야…' 하면서 스스로를 위로하였다.

며칠 전에 본 〈증인〉이라는 영화가 생각난다. 민변 소속의 한 변호사가 생활고에 시달리다가 끝내 청렴함을 포기하고 대형 로펌으로 이직한다. 적당히 때가 묻어야 일을 할 수 있다는 대표의 말에 공감하며 여자 끼고 술도 마시면서 돈을 좇는다. 그러나 우연히 맡게 된 사건의 유일한 증인인 자폐아 지우를 만나면서 다시 혼란스럽다. "당신은 좋은 사람입니까?" 그녀의 송곳 같은 물음에 세상 부를 좇아가리라 다짐했던 그는 한순간에 무너지고 만다. 변호사가 된 것이 기쁜 게 아니라 좋은 일을 하겠다는 아들의 생각이 기특해 고시 합격을 누구보다 기뻐했던 아버지도 생각을 바꾸는 데 일조한다.

그래도 현실의 무게가 커 갈등하는데 너 자신을 사랑해야 다른 사람을 사랑할 수 있다는 아버지의 말에 결심을 서두른다. '나를 사랑할 수 있는 방법은 자신이 매력적이어야 한다.

부정을 저지르거나 불의의 편에 서 있는 자신을 사랑하기는 힘들다. 그렇다면 답은 하나다.' 그의 행보는 달라지고 얼굴엔 먹구름이 걷힌다.

생각해 보면 '적당히'란 참 어려운 일이다. 타협하면 가시밭 길도 쉽게 건널 수 있다. 도저히 길이 보이지 않을 때 적당히 타협하여 어물쩍 건너도 가히 나쁜 사람이란 생각은 하지 않아도 된다. '세상이 다 그런 거니까.'

시민의 단두대에 서서 치열하게 싸우고 있는 그를 보면서 마치 내가 심판대에 서 있는 것처럼 혼란스럽다. 정신없이 살아온 지난날이 파노라마처럼 스쳐 지난다. 선택의 순간마다 진정 양심에 따랐던가? 봇물처럼 터진 성난 민심의 소리가 예사로 들리지 않는다. 생각과 행동이 분리된 채 '그래도 이 정도면…' 하고 자위했던 순간들이 떠올라 괴롭다. 이율배반의 모순된 자리에서 아무리 자기부정을 해봤자 달라지는 건 없고 공감도 얻을 수 없는 일인데 난 매번 마음만 바쁘게 살아온 것 같다.

그는 그래도 사회를 위해 할 수 있는 일이 검찰개혁이라 굳게 믿는 듯하다. 그가 이뤄낼 사법개혁의 시너지는 말과 행동을 다르게 살아온 삶의 잘못을 덮을 수 있을 것인가. 그것의 평가는 어떤 기준으로 이뤄져야 하는가. 한 분야에 엄청난 공공선을 이행한 사람이면 그의 사생활은 어물쩍 넘어가도 된단 말인가. 이래저래 죄다 난제다.

회색 도시

　핸드폰에서 연신 안전 안내 문자가 울린다. "미세먼지 경보" 발령, 바깥 활동을 자제하라는 주문이다. 그러나 중요한 약속이 있어 마스크를 착용하고 길을 나선다. 예전엔 부러 햇살을 좇아 걷곤 하였는데 이젠 어림없는 일이다. 게릴라전이 따로 없다. 수십 분을 종종걸음 하여 서둘러 약속 장소가 있는 건물 안으로 몸을 구겨 넣었다. 문이 닫히고서야 겨우 안도의 숨을 내쉰다.
　하루하루가 보이지 않는 적과 싸우는 기분이다. 침묵의 암살자, 혹여 그것과 마주칠까 얼굴을 친친 동여매고 가쁜 숨을 몰아쉬며 이리저리 피해 다니느라 죽을 맛이다. 투명한 금빛 햇살은 어디에도 없다. 순결한 햇살은 가뭄에 콩 나듯 선물처럼 다가올 뿐이다. 장에 간 엄마를 기다리며 볕을 쬐던 어린 시절은 이미 동화 속 이야기가 되어버렸다.

1960, 1970년대 부모 세대는 산업의 역군이 되어 공장 굴뚝에 앞다퉈 시커먼 연기를 피워 올렸다. 구름처럼 뿜어 나오는 연기에 미래의 꿈도 함께 실어 보냈다. 하늘 높이 치솟는 연기의 양이 자신들을 더 안락한 미래로 안내하리라 확신했다. 신발, 섬유, 자동차 공장에서 발암물질 가득한 매연을 앞다퉈 내보내면서도 하등 고민하지 않았다. 안락한 내일을 위한 보증수표라 여기고 어여어여 더 많이 쉬지 않고 토해 내기를 열망하였다.

　드디어 좋은 신발, 더 좋은 옷을 입게 되고 십 리 길도 단숨에 달려가는 자동차도 하나둘 손에 넣기 시작하였다. 원하는 것을 손에 넣었지만 멈출 줄 몰랐다. 단맛을 본 그들은 더욱 개발에 박차를 가하였다. 먹고 사는 문제가 아니라 어떻게 하면 더 많이 풍요로워질 수 있는가가 화두였다. 앞만 보고 달리는 그들에게 환경이 아파하는 소리는 들리지 않았다. 환경을 들먹이는 건 모두의 꿈을 앗아가는 반역이었다. 그렇게 토해 낸 것들이 이리도 빨리 햇살을 등지고 침묵의 암살자로 되돌아올 줄 몰랐다.

　우리나라 미세먼지의 역사는 그리 오래지 않다. 88올림픽을 서울에서 개최하자는 논의가 있던 때, 선진국에서는 걱정이 앞섰다. 서울은 대기오염이 심각한 수준이라는 것이다. 선결하기로 한 여러 조건을 달고 우여곡절 끝에 올림픽이 열렸다. 덕분에 환경에 대한 자각이 조금씩 싹트기 시작했다. 자연이 주는 선물인 줄로만 알았던 공기도 정성을 들여야 맑음, 상태를 유지할 수 있음을 그제야 깨달았다. 고속도로를 미끄러지듯 달리는 자동차는 선택된 자만이 누리는 자부심이 아니라 목숨을 앗아가는 위험천만한 물질임을 자각하기 시작했다.

1990년대 초반부터는 미세먼지를 측정하여 발표하기 시작했다. 중후반에는 서울의 특정 지역의 46일간 미세먼지 농도가 150 이상을 지속할 정도로 심각했다. 그러나 정부의 경고와는 달리 시민의 인식은 바닥이었다. 미세먼지가 무서워 바깥놀이를 저어하는 사람은 없었다. 바람이 불면 흙먼지를 일으키는 것은 당연한 일이라 여겼다. 미세먼지는 놀이의 도구이지 경계해야 할 대상이 아니었다.

돌아보면 끔찍한 일이다. 아이들 키우느라 나들이가 많았을 때다. 유치원이 끝나면 놀이터로 달려가 어스름 녘까지 모래 장난에 여념이 없었는데 얼마나 많은 발암물질을 코로 입으로 들이켰을까. 아무 탈 없이 살고 있으니 천만다행한 일이다.

십 년 전 북경으로 가족 여행을 갔다. 한 번도 보지 못한 북경의 하늘은 놀라웠다. 뿌연 먼지 때문에 바로 앞 빌딩도 보이지 않았다. 사막의 영향이라고들 했다. 나무를 심지 않고 버려둔 죗값이라 했다. 이런 나라에서 어찌 사는지 그들이 안쓰러웠다. 그때만 해도 천금을 준다 한들 더 머물고 싶지 않았다.

지금 생각해 보면 한 치 앞도 내다보지 못하고 우쭐거렸다. 이웃해 살면서도 남의 일로만 여겼으니 참으로 한심한 일이다. 며칠 전에 본 영화가 생각난다. 대기가 오염되어 지구 어느 곳도 더 이상 생명을 잉태하지 못한다. 많은 사람이 죽고 겨우 살아남은 나머지 사람은 다른 행성으로 이주하지만, 의지의 한 과학자는 병든 지구를 두고 떠날 수가 없다. 살려낼 방법을 찾아 골몰하지만 끝내 답을 얻지 못하고 생을 마감한다. 남은 딸이 뒤를 이어 보지만 결국 실패하고 만다는 이야기다. 산소통을 둘러매고 산소마스크를 장착한 그들의 모습이 지나치게 과장됐다는 생각이 들기도 했지만, 그리 먼 이야기가 아닌 것 같아 섬뜩하다.

최근 몇 달간 일상생활이 불가능할 정도로 위험한 수준이 계속되고 있다. 국민은 들썩이기 시작한다. 마스크를 착용해 보아도 불안하긴 마찬가지이다. 초미세먼지는 혈관을 타고 다니면서 여러 염증을 유발한다. 야당은 중국 탓만 일삼는 무능한 정부를 비난한다. '문세먼지'라 비아냥거리며 늑장 대응을 탓한다. 정부는 부랴부랴 차량 2부제를 실시할 것과 필요하다면 추경예산을 편성해서라도 해결책을 찾겠단다. 차량 2부제는 바쁜 사람들의 발을 묶는 일이지만 고통을 분담하지 않고는 해결할 방법이 없지 않은가. 국민의 과감한 결단이 나라의 중단 없는 역사를 가능하게 할 것이다.

6~7년 전 '클린 경유'를 부르짖으며 경유차 공급을 확대한 것이 제일 큰 화근이다. 다행히 폐차를 유도하는 지원을 펼치고 있으니 머잖아 경유차 사용자의 수가 눈에 띄게 줄어들 것이다. 중국발 미세먼지에 책임을 묻기 위해 한중 공동 연구가 한창 진행 중이라니 이것도 기대해 볼 만한 일이다.

무엇보다 누굴 탓하랴. 아무리 기발한 정책을 내놓아도 그것만으로는 환경을 바꿀 수 없다. 사용자의 의식이 우선 개선되어야겠다. 당장 티가 나지 않는 일이니 괜찮겠지 하는 안일한 생각에서 벗어나야 한다. 나부터 차보다 걷고, 더위와 추위는 조금씩 더 견뎌보려는 노력이 필요하다. 더 이상 게릴라전을 연상케 하는 일상은 안 겪고 싶다.

바람의 길

 에어컨 바람은 그냥 바람이 아니다. 바늘처럼 가늘고 송곳처럼 강하다. 몸을 쪼갤 대로 쪼개어 공기 본래의 성질을 빼앗은 탓이다. 서로의 어깨에 매달리고 부딪히며 저들끼리 한가로이 살다가 사람들에 의해 몸피를 바꿨다. 냉매라는 낯선 놈을 만나 사람에게 유용한 것으로 다시 태어나야 했다. 인간이 만든 기술이 그들을 마구 흩어 놓았지만 저항할 수 없었다. 얼음처럼 차가워진 자신이 생경했으나 주어진 생을 살 작정이다. 도린곁만 헤매다 끝나게 되면 어디에 대고 신세한탄을 할지 아직 모르겠으나 우선 찾아다녀야 할 곳이 산더미다.
 에어컨 바람은 살갗을 에듯 날카로우나 마음에 닿지 않고 겉돌기만 한다. 바람이 폭포수처럼 쏟아지는데도 시원치 않아서 웬만해서 에어컨을 틀지 않는다. 그러나 그 해 여름은 바람의 종류를 가릴 처지가 아니었다. 한 번도 경험하지 못한 저 너머의 여름이었다. 숨을 틀어막는 폭염에 두 손 두 발 다 들 지경이었으니 어쩔 수 없이 에어컨에 눈이 갔다.

자연풍을 골랐으나 이름과 달리 거칠고 불손하다. 엑스레이처럼 직진 본능을 가져 금지구역도 서슴없이 넘나들고 파수꾼 따위를 두려워하지 않는다. 피부를 뚫고 거침없이 다가가 조용하던 장기를 훑고 지난다. 평화롭던 장내는 이물질의 급습에 바짝 긴장하여 움츠러들기도 하고 서로의 등에 포개어 바람이 지나가기를 숨죽여 기다린다. 그럴 때마다 참을 수 없는 통증이 찾아온다. 급작스런 변화에 자리를 이탈한 그들의 반란은 고스란히 통증으로 이어진다. 그들은 그들대로 살아남아야 하니 어쩔 수 없는 일이겠지만 시작도 끝도 없는 긴 터널에 갇힌 것 같아 답답하다. 온몸이 거부하는 에어컨 바람인데 그것에라도 의지해야 여름을 날 것 같으니 앞으로 어쩜 좋을지.

이전의 여름은 언제나 열정을 앞세워 왔다. 싸매두었던 가슴을 열면 마음이 먼저 바다로 산으로 내달렸다. 아지랑이 노니는 도로는 적당히 익어 성급한 달음질도 사뿐히 받아주고, 햇빛이 쏘아댈 때는 얄밉기도 하지만 그늘에 서면 순한 양이 되었으니 밀어낼 이유가 없었다. 처음 찜질방에 들어설 때처럼 몸을 감싸는 노곤한 안식은 여름에만 맛보는 즐거움이었다. 폭염이라도 에어컨 바람보다 견딜 만했다. 더위 속에 스며들면 요상한 카타르시스마저 느꼈다. 몸에 난 구멍을 낱낱이 찾아 열어젖혔고 그 속으로 스며든 후끈한 열기가 긴장한 뼈와 살갖을 다독였다. 몸 후미진 곳에 배인 습기를 소리 없이 말리고 나면 온갖 장기가 새로워져 몸이 한결 가벼웠다.

그런데 해를 거듭할수록 여름이 더 독하게 달아오른다. 우리가 만든 문명의 이기가 바람이란 바람은 죄다 먹어치운다. 점점 몸집을 불린 화마가 우리를 열 돔에 가둔다. 산소통 없이 진공상태를 견디는 기분이다. 악순환의 고리를 끊어야겠는데 출구가 보이지 않는다. 억지로 일으킨 바람이라도 그 그늘 밑에 있어야 숨 가쁘지 않으니 문제는 문제다.

에어컨이 제 일을 하는 동안 하늘에는 온실가스가 두텁게 쌓여간다니 예삿일이 아니다. 폭염은 더욱 독해질 거고 온실가스는 지구에 두터운 장막을 칠 게다. 에어컨의 진화와 지구의 운명은 오랫동안 숨바꼭질일 게 분명하다. 돌고 돌고 또 돌고.

마침 〈지오스톰〉이라는 영화를 봤다. 세계 정부 연합은 인공위성 조직망을 통해 날씨를 조종할 수 있는 더치보이 프로그램을 개발한다. 기상이변을 막아줄 더치보이가 우주 정거장에 설치된다. 하지만 프로그램에 문제가 생기면서 걱정했던 일이 봇물처럼 터진다. 두바이의 쓰나미와 홍콩의 용암 분출, 리

우의 혹한, 모스크바의 폭염까지 세계 곳곳이 아수라장이 된다. 힘센 나라에서 통제권을 가졌는데 운영자의 욕심이 더치보이를 정치적으로 이용했기 때문이다. 사욕을 채우기 위해 으름장이 필요했던 그는 몇 군데 위성을 의도적으로 고장을 낸다. 더치보이에 의해 꽁꽁 묶였던 기상이변은 고삐 풀린 망아지처럼 지구를 덮친다. 손으로 둑을 막아 마을을 살렸다는 이야기의 주인공 더치보이, 그의 이름을 딴 그것이 지구를 구해주길 바랐지만 인간의 욕심으로 파괴되었다.

  섬뜩했다. 당장이라도 영화 속 장면이 나를 덮칠 것 같다. 뇌가 먼저 기억하고 현실처럼 재현해 낸다. 폭염이 살아 꿈틀거린다. 하늘에서 내리는 태양비가 땅속까지 스며들어 용광로가 된다. 그것이 뿜어내는 열기는 시멘트로 포장된 도로를 만나 성난 하마로 변한다. 한없이 뿜어대는 불 바람에 땅이 갈라지고 땅에 의지해 살던 사람들은 땅 밑으로 소리 없이 사라진다. 흐흑.

  우리가 사는 세상에는 더치보이도 없다. 더치보이를 만들기 전에 폭염은 해마다 단계를 높일 것이고 에어컨은 유래 없이 바빠질 게다. 불감증에 걸리면 보이는 게 없다. 들리는 것도 없어서 그저 편안하다. '거대한 지구가 스스로 살아남는 법을 터득하겠지.' 그예 믿고 싶은 대로 믿고 외면해버린다. 간간이 들려오는 아우성은 엄살이라 생각하고 하던 일을 계속한다. 땀으로 얼룩진 식사 시간 대신 우아한 밥상을 즐기고 싶은 마음이 앞서기 때문이다. 현재를 사는 우리의 행복이 오늘의 밥상에 있음도 부인할 수 없는 생의 단면 아니던가.

 그러나 더한 고통을 견뎌야 하는 날이 오기 전에 실천할 일이다. 사계절 뚜렷한 우리나라의 특징도 고쳐 써야 할 판이다. 봄, 가을은 여름과 겨울에 밀려나고 말았다. 여름이 6개월로 늘어나고 아열대성 기후로 변해버린 한반도, 그를 살릴 방법이 내게도 있는데 미력하여 힘이 가지 않는 게 문제다. 당장 보기에는 볼품없으나 하나로 뭉치면 큰 힘을 만들 수 있음을 믿어야겠다. 바람이 원래의 성질을 찾아 우리의 얼굴을 간질일 날을 꿈꾼다. 지구가 아프면 우리는 죽는다.

어떤 여행

꿈에도 그리던 딸과의 여행이다. 태국 여행 제안에 어디든, 무조건 좋다 했다. 딸과 함께 먹고 자고, 같은 시간에 눈을 뜨는 것, 그것이 선물이니 여행지에서 보고 듣는 것은 이미 덤이라 생각했다.

그런데 여행에 대한 생각이 달라도 너무 다르다. 짐을 쌀 때부터 실랑이가 오갔다. 큰 가방을 가져가겠다고 고집을 부렸더니 한동안 전화선이 조용하다. 이민 가방만 한 것을 가지고 낑낑댈 생각을 하니 끔찍한 모양이다. 어두운 딸애의 표정이 떠올라 더 이상 고집을 부릴 수 없다. 작은 가방에 싸보기로 하고 슬며시 꼬리를 내렸다.

필요한 것은 많은데 가방이 작아 필수품만 골라내느라 머리가 지끈거린다. 구겨 넣으니 어찌어찌 작은 가방 하나에 다 담기긴 했다. 덕분에 공항 가는 길이 한결 가뿟하다.

태국은 열강의 야욕에 한 번도 굴복한 적 없는 나라로 유명하다. 유럽 열강의 아시아 싹쓸이 작전을 피해 간 데는 그만한 이유가 있을 것 같다. 속사정을 둘러볼 생각을 하니 예쁜 씨앗을 심은 듯 마음이 오롯이 차올랐다.

늦은 시간에 도착한 우리는 택시를 탔다. 딸이 그랩 앱을 이용하여 미리 택시를 대기시켜 놓았다. 가격 흥정도 할 것 없고 사기당할까 걱정할 일도 없다. 목적지에 도착하여 정해진 가격을 지불하면 그만이다. 참으로 편리한 세상이다. 낯선 문화에 적응하느라 고생할 일이 없으니 집 나서면 고생이라는 말도 옛말이 되었다.

맛난 것 먹으며 느긋하게 즐기는, 휴식 같은 여행이 될 거라더니, 딸이 짜놓은 일정은 가볍고 단순했다. 왕궁과 사원들, 가까운 아유타야 방문도 일정에 없었다. 무심히 지나치려니 미련이 남았다. 그예 시선을 거두지 못하는 엄마가 신경 쓰이는지 "다음에 또 오지 뭐." 한다. 딸의 가벼운 거절에 어안이 벙벙하다. 무심코 내뱉는 일상어 같은 딸의 말에 마음이 아프다. 벼르고 벼른 일이 아무것도 아닌 양 치부되는 것 같아 은근 기분이 상했다.

그간의 여행 습관을 돌아본다. 다음에 또 오면 되는 일인데 왜 매번 마지막인 양 다급했을까. 바리바리 싸서 새벽부터 늦은 저녁까지 지쳐 쓰러질 때까지 돌고 돌았다. 시간을 허투루 쓰면 아까워 죽을 지경이었으니 여행이 아니라 고된 일상을 장소만 옮겨와 살곤 했다. 출근길 나서듯 떠나는 여행이 가능한 세대, 딸의 말 한마디에 자기 연민이 확 밀려왔다.

"제일 좋은 곳이야. 좋은 시간 보내요." 입구부터 남달랐다. 귀한 사람으로 대접하는 최고의 친절, 안락한 시설까지 마사지 가게는 한순간에 내 마음을 사로잡았다. 몸 여기저기가 아우성치는 나이인지라 남편의 투박한 손길조차 그저 황홀한데 장인이 가려운 곳만 꼭꼭 눌러주니 천국이 따로 없다. 꿈결인 양 꽤 오래 나른하게 즐겼다.

이번에는 먹고 싶은 거 말해보란다. 첫 방문 때가 떠올라 슬슬 걱정되었다. 그때는 향이 강해 아무것도 먹지 못했는데, 그나마 미리 준비한 볶음고추장과 김이 있어 무리 없이 일정을 마칠 수 있었다. 여러 나라 음식이 모여 있는 조식 뷔페에서 그나마 한 끼는 빵으로 해결했다.

어찌해 볼 도리가 없다. 태국 음식은 코부터 자극한다. 코가 거부하면 혀도 본능적으로 거절하고 나서니 괴로울 수밖에. 재료 본연의 맛을 강렬한 향으로 통일시키는 것 같다. 화장품 냄새 같기도 하고 화학 성분을 섞어놓은 것 같은 인위적인 향을 겁 많은 위장이 받아내질 못하여 쫄쫄 곯은 채 다음 날 아침 뷔페를 기다리곤 했다.

그런데 태국 전통 음식점이라니. 딸이 먹고 싶은 거 골라 보란다. '이것'이라고 당당히 외치고 싶은데 토종 입맛이라 손 가는 게 없다. 딸이 먹고 싶은 거 주문하면 도전해 보겠다고 했다. 딸은 똠얌꿍을 가리킨다. 중국 샥스핀, 프랑스 부이야베스와 함께 세계 3대 수프로 손꼽히는 음식이다. 고수라는 향신료에 유독 약한데 이번에도 그러면 어쩌나 고민이 되었다. 엄마의 마음을 알아채고 "그럼 고수 빼고 시킬게." 한다.

단맛, 짠맛, 시큼한 맛, 매운맛이 한꺼번에 몰려온다. 사람들은 꽉 찬 이 맛을 즐기는 걸까? 단맛을 느끼려면 짠맛이 뒤따르고 시큼한가 하면 매운맛이 따라온다. 나중에 저들끼리 이리저리 뒤엉켜 정체불명의 오묘한 맛을 자아낸다. 새로운 맛을 받아들이리라 작정한 덕분인가. 의외로 견딜 만하다. 그때부터 내 혀는 거부하기보다 탐구하기 시작했다. 낯선 맛이 입에 안착하는 순간, 그간 알지 못했던 맛의 신세계를 경험하려 들었다. 낯섦이 아니라 신선한 자극으로 맛에 대한 평가도 달라졌다. 이제는 새로운 맛을 찾아 떠나는 여행도 가능할 것 같다.

딸보다 일찍 일어나 느긋하게 아침을 즐겼다. 창틈으로 쏟아지는 햇살이 아까워 남편이랑 근처 공원을 돌기로 했다. 피부색이 다른 각양의 사람들이 투명한 오전의 햇살을 즐기고 있다. 돌아갈 곳이 없어 그늘을 찾아 하룻밤 신세를 지고 있는 사람이 많다. 외투를 머리끝까지 끌어올리고 꿈에서 나오고 싶지 않은 모양으로 궁굴려 있다. 이곳은 사철이 따뜻하니 집 없는 사람들도 야영하듯 살 수 있어 다행이다.

"늦은 밤까지 일정이 빡빡해요." 점심때가 다 돼서야 길을 나서며 하는 딸의 말이다. 유기농 카페에서 한국보다 더 비싼 커피를 즐기기도 하고 전망 좋은 곳에서 지는 해와 수다를 떨기도 했다. 딸의 스케줄이 마땅찮았는데 느리게 걷다 보니 그곳이 더 가깝게 다가왔다. 이것도 괜찮은 것 같다. 여러 곳을 다니지 못했어도 마음이 꽉 차오른다. 왓 아룬 사원을 마주 보고 앉은 카페에서 석양을 즐겼다. 노을이 강에 물감을 풀어놓은 듯 물들기 시작하더니 이번에는 하늘이 사원의 불빛을 받아 나염을 한 듯 색의 향연을 펼치며 오지게 서 있는 왓 아룬 사원의 배경이 된다. 사원에서 올리는 간절한 기도가 벌써 하늘에 닿아 "그래, 너가 원하면 기꺼이." 하고 대답하는 것 같다. 강물 위에는 여행객을 실은 크루즈가 한가로이 노닐고 그런 강을 하늘은 흐뭇하게 내려다보고 있다.

카페 창을 활짝 열어젖혔다. 반쯤은 강 위에 지은 집이라

창을 여니 눈앞이 바로 물이다. 넘실대는 강물 위에 둥둥 떠 있는 것 같다. 물결 따라 흔들리는 마음을 겨우 진정시키고 강 너머 은은하게 비추는 첨탑의 불빛을 오래오래 바라보았다. 온전한 정적, 고요한 평화다. 나를 버려도 하나도 아깝지 않을 사랑하는 이들이 곁에 있고 주위는 여행객의 호탕한 웃음소리에 젖어 든다. 모든 게 그 자리에, 나를 위해 예비해 놓은 것처럼 충만하다.

이제는 더욱 자유로워지고 싶다. "다음에 오면 되지." 하던 딸애처럼 가벼운 마음으로 남은 생을 살고 싶다. 달라진 여행 지도에 어떤 생이 담길지 벌써 기대가 크다.

5. COVID-19

민낯 | 오랑 시민들이 오페라 관람하듯
다시 델타 | 코로나가 고마워요
거리

민낯

　15세기 중반, 신대륙 발견 이후 세계의 주도권은 유럽이 거머쥐었다. 지중해 주변의 오리엔트 국가들은 고대 찬란한 문화를 뒤로하고 유럽의 그늘에서 몸을 사려야 했다.
　향신료가 있는 인도로 가는 길을 막으니 유럽은 다른 길을 탐험하기 시작했다. 지구는 둥그니까 언젠가는 인도에 닿을 거란 기대로 콜럼버스는 한 번도 가보지 않은 북쪽의 길을 나섰다. 그의 예상은 적중했고 인도보다 더 기름진 신대륙을 발견했다. 원주민이 있었지만 맘만 먹으면 쓸어버려도 될 만큼 가벼워 보였다. 채찍과 회유로 금싸라기 땅을 그들의 소유로 만들었다. 산업화가 지속될수록 많은 땅이 필요했는데 시대의 요구에 황금의 땅 신대륙을 이용하였다. 유럽의 사람들은 하나둘 신대륙으로 넘어와 임자 없는 땅에 원하는 만큼 울타리를 치며 자기 소유의 땅으로 만들었다.

신대륙 덕분에 20세기에도 유럽인의 패권은 유지되었다. 콜럼버스의 오기와 용기는 꽤 오랫동안 유럽에 황금과 돈을 안겨주었다.

그들은 좁은 유럽대륙에서 여러 인종이 복작거리며 살았다. 그래서 싸우기도 잘하고 뭉치기도 잘했다. 피부색이 다른 민족을 상대할 때는 한 민족처럼 서로를 도왔다. 잘 짜인 카펫처럼 정교한 연대는 쉽게 꺾이지 않았다. 덕분에 선진국 대열에 많은 유럽 나라 이름을 올렸다.

한 나라의 수준을 판단하는 기준은 여러 가지가 있다. 평균수명, 소득 정도, 문맹률, 문화 수준, 복지 수준 등이다. 특별하다고 여기는 유럽인의 오만은 시대를 넘어 계속되었다. 갈수록 재원보다 더 많은 혜택을 원했다. 적게 일하고 많이 받기를 바랐다. 권력자들은 권력을 유지하기 위해 나라 곳간의 사정을 고려하지 않고 지킬 수 없는 정책을 쏟아냈다. 시민의 탐욕과 정치인의 권력욕이 야합해 가진 것보다 더 많은 것을 가불해 썼다. 그러나 사정을 알 리 없는 동양인에게는 늘 선망의 대상이었다.

어느 날부터 위태하다는 진단이 들려왔다. 비대하고 방만한 정부가 시민에게 부담이 되고 있다는 프랑스 소식도 들렸으나 일시적인 문제인 줄 알았다. 기나긴 역사가 만들어온 견고함이 한순간에 무너지지 않을 줄 알았다. 오만한 콧대는 쉬이 꺾이는 법이 없다고 생각했다.

그런데 지구촌은 한 번도 경험하지 못한 바이러스의 침공에 속수무책으로 스러지고 있다. 유럽이 앞장서 바닥을 드러내고 있다. 주눅 든 동양의 작은 나라들보다 더 우왕좌왕 갈피를 못 잡는다. 여러 방안이 나오지만, 실효성 있는 안은 찾아보기 힘들다. 처음에 그들은 열등한 동양인만 감염되는 바이러스로 믿고 싶어 했다. 그러나 중국발 바이러스는 인종도 대륙도 가리지 않았다. 코로나가 공격하니 탄탄할 줄 알았던 시스템은 허술하기 짝이 없고 사회 이곳저곳에서 허점이 드러났.

당황한 그들은 분풀이 대상을 찾아 나섰다. 유럽에 거주하는 동양인을 바이러스로 취급하며 노골적으로 차별하였다. 무너진 고가가 되어버린 그들의 현주소를 확인하려 하지 않았고 붕괴의 원인을 외부에서 찾아 백색테러를 자행했다. 그럴수록 그들의 민낯은 더 처연하게 드러났다.

오만한 그들을 비웃기라도 하듯 바이러스는 이탈리아를 먼저 침공했다. 가장 오랜 세월 지켜낸 역사의 조형물도 코로나 앞에서는 거추장스럽기만 했다. 하루에도 수백 명씩 죽어 나가는 주검 앞에서 그것들을 챙길 여유가 없다. 상상할 수 없는 일이다. 한 시대를 풍미한 음악가가 희생되고 의료인의 대

거 감염 사태도 연일 보도되고 있다. 의료체계는 붕괴하고 삽시간에 전장이나 다름없는 주검의 도시로 전락했다. 감염자는 10퍼센트를 넘어섰다. 만 명이 넘는 주검을 안치할 곳이 없어 방황하고 있다.

선진국에 기대했던 위기관리 능력은 어디에도 없다. '하마 다르겠지.' 긴장하고 지켜보지만, 예외 없이 코로나에 나라를 헌납하고 있다. 외양만 멀쩡한 고가를 보는 기분이다. 문명의 선두 주자라 믿었건만 민망한 소식뿐이다. 바이러스가 알아서 자연 소멸되기를 두 손 놓고 기다려야 하는 어이없는 현장이다.

코로나는 이탈리아를 건너 스페인으로 넘어갔다. 그곳도 불행하게 이탈리아의 수순을 그대로 밟고 있다. 한 신부가 감염되어 격리된 채 신의 뜻이 무엇인지 울부짖으며 묻는 영상물이 전 세계로 퍼져 나갔다. 가슴이 먹먹했다. 한 달도 채 안 된 시간에 만 명이 넘는 사망자를 어찌할 것인가. 신의 뜻을 먼저 생각하게 된다. 보이지 않는 힘이 미치는 것 같아 등골이 오싹하다.

그러나 과학의 힘이 미약했던 중세와는 다르다. 신의 이름으로 땅의 주인인 인간을 단죄할 일은 없다. 중세는 신을 등에 업은 인간이 인간을 심판하면서 엄청난 희생을 가져왔다.

그릇된 역사가 점철되면서 인류는 한없이 초라한 모습으로 전락하였다. 능력 밖의 일이라 포기한 결과가 참극을 초래했다. 이제는 우리의 능력으로 인류의 역사를 새롭게 써 나갈 것이다. 지구촌은 연합하여 모두에게 이익이 되는 최선의 방책을 찾아낼 것이다.

프랑스, 독일, 영국의 상황도 별반 다르지 않다. 영국의 찰스 황태자와 존슨 총리가 감염되는 초유의 사태가 빚어졌다. 미국은 어떠한가. 물질 앞에서 브레이크가 고장 난, 자본주의의 극단을 보여주고 있다. 기울어가는 경제부터 챙기느라 처음에는 가벼운 감기라 단정했다. 국민에게 두려워 말고 일상을 유지하라 선전했다. 코로나는 기다려주지 않았고 보란 듯이 나라 곳곳을 잠식했다. 지구촌의 심장 뉴욕은 단번에 얼어붙었고 트럼프의 오만은 뒤늦은 후회로 이어졌다. 경제 규모도, 인종도 가리지 않는 바이러스는 비좁은 지구촌을 무심히 정리하고 있다.

우리나라의 사정은 예상보다 훨씬 좋은 그래프를 그리고 있다. 감염자와 사망자가 적어 다른 나라의 부러움을 사고 있다. 오만한 유럽인이 동양 변방의 작은 나라에 주목하기 시작했고 대처 방법을 배우기 위해 전세기를 띄우는 나라가 있는가 하면 전문가의 조언을 구하느라 백방으로 노력 중이라니 이는 상상할 수 없는 일이다.

　코로나가 여러 나라의 민낯을 보여주었고 우리는 기초체력이 튼튼하니 남의 시선을 의식할 필요가 없음도 확인했다. 질곡의 역사가 우리를 단련시켜 세상에 우뚝 세웠다.

오랑 시민들이 오페라 관람하듯

-코로나 창궐 2개월 즈음

　버겁지 않을 만큼의 일과 적당한 모임으로 나의 한 주는 그런대로 보람찼다. 예고도 없이 날아온 코로나19는 그런 하루를 무참히 흔들고 있다. 바라만 봐도 힐링이 되는 사람과의 식사는 금기가 됐다. 겨우 전화선을 타고 건너온 목소리와 만날 날을 기약하며 서로를 위로할 뿐이다. 잠시 머물다 바람처럼 금세 사라질 줄 알았는데 위세는 날로 더하고 있다. 언제 물러날지 아직은 가늠조차 어려우니 답답한 노릇이다.
　아침 풍경도 달라졌다. 자고 일어나면 국내외 코로나 사정을 챙기기에 바쁘다. 확진자가 7만 명을 넘어선 중국, 만 명이 훌쩍 넘은 이탈리아와 이란, 앞서거니 뒤서거니 하면서 뒤를 잇고 있는 그 외 유럽 국가들, 국내외 증시의 곤두박질…, 절망의 곡소리가 세상을 뒤흔들고 있다.
　우리는 중국과는 달리 조기 대응으로 벗어나는 줄 알았다.

불행히도 신천지 신도들을 디딤돌 삼아 코로나는 밀물처럼 밀려와 대구 경북을 강타했다. 나라 곳곳에 침투한 그것은 무섭게 들러붙어 온 국민을 공포의 도가니로 몰아넣었다. 사망자도 늘어나면서 허약한 사람은 더욱 세상과 담을 쌓았다.

비확진자도 당장은 피했지만 이미 환자나 다름없다. 공포가 일상을 덮치면서 마음이 지레 병이 들었다. 사회 활동을 다 접었는데도 어느 날 코로나가 성큼성큼 다가오는 꿈을 꾼다. 죽음까지는 아니라도 복잡하고 성가신 일들이 포도송이처럼 매달린다. 참으로 어쩌면 좋은가.

초기에 걸렸다가 나은 사람이 오히려 부럽다. 언제 왕림할지 모르는 코로나 때문에 겪는 잠재적 불안이 더 견디기 힘들다. 나이가 들면서 불면의 밤을 자주 보내게 되는데 이 또한 막연한 불안이 원인일 때가 많다. 어차피 예견된 일이지만 죽음이 목전에서 손짓하는 걸 느끼는 순간, 걷잡을 수 없는 불안감에 휩싸이는 것처럼 오늘일까 내일일까 막연하게 기다리는 것이 더한 공포감을 준다. 차라리 운명한테 내가 먼저 도전장을 내밀고 싶다. 막연한 불안감은 사람을 미치게 한다.

그러나 말이 그렇지, 그것도 쉬운 일이 아니다. 용기 내어 맞서기보다 대개는 초조하여 이리저리 숨기에 바쁘다. 하루가 무사하면 '휴' 하고 하루치만큼 안도의 숨을 내쉴 뿐이다. 어쩌면 이것이 최선이리라. 오늘의 즐거움이 잠시나마 두려운 내일을 잊게 하니 순간의 감정에 충실할 수밖에 도리가 없다.

병에 걸려도 마찬가지다. "암이군요." 죽을병이라 해도 치료 방법을 알고 나면 그때부터는 희망을 품을 수 있다. 무슨 병인지도 모른 채 병원을 전전할 때, 그때가 정말이지 죽을 맛이다. 결국 아무 일 없이 일상으로 돌아오게 되더라도 병명을 알기 전까지는 지옥 체험을 한다. 모두가 잠재적 불안이 가져다주는 아픔이다.

바이러스의 침공으로부터 겪는 우울은 우리가 먼저 도전장을 내민 치명적인 잘못에서 시작되었다. 최근에 읽은 책에 의하면 인류는 모여 살기 시작하면서 전염병의 굴레도 함께 짊어지게 되었다는 주장이다. 페스트, 스페인 독감, 사스, 메르스, 에볼라에 이르기까지 다닥다닥 붙어사는 도시를 중심으로 전염병이 급속도로 퍼져 나갔다. 인류가 선택한 삶의 양식 때문에 겪는 일인데, 박쥐를 숙주로 지목하여 퇴치의 대상으로 삼고 있다. 말레이시아 밀림을 개발하면서, 우리 때문에 그것은 보금자리를 잃었다. 인간이 먼저 그들의 터전을 교란하였으면서, 우리는 그것들 때문에 피해가 막심하다고 불평을 늘어놓고 있다.

그들에게는 무지 억울한 일이 아닐 수 없다. 오랜 세월 터

잡고 살아왔는데 어느 날 인간들이 들이닥쳐 휘저어 놓고선, 바이러스가 주범이라 비난하다니. 터전을 잃은 것만도 억울한데 오히려 범인으로 낙인을 찍으니, 앙갚음은 당연한 일이다.

그들은 말없이 바이러스로 되갚고 있는가. 인류는 오랫동안 여러 자연물과 나름 조화롭게 살아왔는데 개발이 성행하면서 열지 말아야 할 판도라 상자를 열고 말았다. 인간의 이기심이 자연을 자극하여 이런 사달이 난 것이다.

건강에 자신이 없어서인지 환자 수가 늘어날 때마다 불안이 가중한다. 단 몇 명의 확진자가 나오던 초기에 벌써 세상과 단절을 선언했다. 겁쟁이라는 오명을 쓰더라도 선택할 수 있는 최선이라 생각하여 여러 모임도 기피했다. 정부의 신속한 대응과 나 같은 겁쟁이의 과잉 대처로 코로나가 서서히 물러나는 줄 알았다. 그러나 신천지 교인들이 무더기로 감염되면서 전세는 역전되고 예상 시나리오는 산산조각이 났다. 축배를 미리 든 정부를 비난하는 세력들로 세상은 차고 넘쳤다.

그런데 난 그때부터 오히려 놀라울 정도로 담담해졌다. 쓸데없는 정보를 재생산해 내는 매스컴을 멀리한다. '그래 올 테면 와라.' 이미 벌어진 일, 내가 할 수 있는 일이나 차분히 하면 그만이라 생각하기로 했다. 걱정을 가불하여 오늘을 망치고 싶지 않다. 하나도 잃지 않겠다는 욕심과 집착에서 놓여나니 새로운 일상이 열린다. 카뮈가 쓴 《페스트》에서 오페라를 관람하는 오랑 시민이 이해되기 시작했다.

사람은 순간에 사는데 하루를 계획하려 든다. 심지어 내일을 위해 오늘을 희생한다. 내일의 고민을 끌어와 현실로 만들지 말 일이다. 삶의 기쁨은 순간에서 온다. 그것이 모여 삶이 환하게 빛나는 것이다. 하물며 내일이라니. 페스트균이 창궐한 오랑시에서 오페라를 관람하던 오랑 시민처럼 오늘 이 순간에 만끽할 기쁨이 무엇인지 생각할 일이다. 난국을 이겨낼 지혜가 여기에 있다.

다시 델타

 타이밍이 절묘하다. 이제 다시 시작할까 하는데 섣부른 판단이라는 듯 또 급습이다. 죄고 훔치고 덮쳐온다. 몸피를 바꾼 그놈은 금쪽같은 시간을 훔치고 있다. 물러날 때를 기다려 왔건만 일터인 호프집으로 노래방으로 굶주린 사자처럼 달려든다. 주인도 종업원도 당황하긴 마찬가지다. 서로를 잇는 줄이 끊어지고 눈물의 서곡이 시작된다. 뿔뿔이 흩어져 각자도생이라니. 화려한 무대는 막을 내리고 연출자도 배우도 정처없는 길 위에 선다.
 다시 델타, 살아남기 위한 당연한 노력인가, 오만하다고 되갚는 처절한 응징인가. 세계를 무대로 즐기는 그의 활약상을 무슨 수로 막을까. 주인공을 갈망하는 광기 어린 청년 같다. 오지게 잡은 기회를 다시는 놓치지 않겠다는 다부진 몸짓이다. 교묘하기는 이루 말할 수 없다. 인간이 쳐놓은 방어선을 진화를 거듭하며 단숨에 허물어버린다.

지구촌 사람들이 한마음으로 밀어내는데 악착같이 버티고 섰다. 거머리라면 노할까? 그도 그의 생을 사는데 우리가 외려 편협하다며 비웃으려나. 그렇다고 공생이라니, 어림없는 일이다. 한쪽이 피를 봐야 끝나지 싶다. 그예 끝장을 보고야 말리라.

날 선 고무줄이다. 어느 한쪽이 조금만 힘을 주어도 끊어지고 말 기세다. 잡았다 했더니 자체 진화를 거듭하는 그것은 절정의 순간에 덜미를 낚아채는 얄궂은 신의 장난 같다. 얼마를 더 제물로 바쳐야 잦아들까. 그의 눈에 우리는 등짐 지고 아슴아슴 집을 향하는 한낱 개미 같을진대, 새끼손가락만 눌러도 흔적도 없이 보내버릴 수 있는 사람 앞의 개미.

참으로 허약하다. 칠십억 인구가 백방으로 노력해도 바람 앞의 등불처럼 쩔쩔매고 있다. 열에 셋은 소리 없이 잠입해 시간차 공격이다. 무차별 육탄공격을 퍼붓는 교활한 그것과 동행하는 수밖에 도리가 없다니 기가 찰 노릇이다.

처음 그가 찾아왔을 때는 저러다 말겠지 했다. 오만한 인간에게 던지는 경고쯤으로 봤다. 죽자고 덤빌 줄 생각지 못했다. 근 이태가 지나는데 마땅한 출구가 없다. 개중에 신박한 전략이라 내놓기도 하지만 여지없이 힘을 빼앗는다. 부질없는 짓

그만하라 잠재워버린다. 긴 시간 우리와 함께하겠다는 배짱이 이곳저곳에서 감지된다.

그렇다고 다시 고방 문을 걸어 잠글 수도 없다. 비어가는 곳간을 어이하리. 만나야 밥을 얻고 움직여야 미래를 기약하는데, 궁리할 수 있는 게 없다. 나보다 먼저 그것이 달려가 사람에게 가는 길을 죄다 막아서고 있다.

신혼 초 가슴으로 날아든 불청객, 우람한 바윗돌을 닮았다. 숨이 끊어질 듯한 위기감. 암은 만나고 싶지 않은 불청객이었다. 그를 떼어 내는 데 혼신을 다했다. 한번 잡힌 덜미에서 쉽사리 벗어날 수 없었다. 작은 틈만 보여도 그 틈새를 비집고 여지없이 달려들었다. 허걱허걱, 밀치다가 어르고 외면하다가 상납하면서 수는 하나뿐임을 절감했다. 끝내 동행을 약속했다.

그제야 온순한 양이 되었다. 이제는 있는 듯 없는 듯 조신하다. 오히려 이상 신호 감지센서 역할도 마다하지 않는다. 넘치다 싶을 때는 여지없이 작동하여 느리게 걷기를 청한다. 초대받지 못한 무례한 손님이지만 아랫목을 내줬더니 그도 양심이 있는지 제값을 하고 있다. 아침부터 늦은 저녁까지 닦고 조이고 기름질이다.

그를 무조건 침입자로 비난해선 안 되겠다. 어느 지점에 있든 그도 그의 일을 하게 놔둬야겠다. 느닷없이 달려들 때 방

다시 델타

어할 수 있는, 허술하지만 듬직한 무기도 가졌으니 다행이라면 다행 아닌가. 백신은 허무하게 힘을 잃을 때도 있지만 앞장서서 싸워줄 방패막임이 분명하다.

한판 멋들어지게 칼춤을 추고 나면 그것도 시들하겠지. 기습한 암세포처럼 동행하다 보면 서로의 존재가 가여운 날이 오지 않을까. 종착지가 아니라 그저 스쳐 지나는 길이면 얼마나 좋으랴만 그게 욕심이라면 부디 순해져서 하루빨리 동행해도 좋을 놈으로 변신하길 바란다.

닫아건 문이 속히 열려 사람들이 펼치는 현란한 하모니를 눈으로 듣고 싶다. 꿈은 환상을 타고 단숨에 날아오른다. 잔 부딪는 소리, 정겨운 웃음소리!

소리, 소리의 향연이 되살아나면 무감한 하늘에 감사하리라. 지루한 일상을 찬양하리라. 그날은 세상도 나도 긴 한숨을 몰아쉴 테지.

코로나가 고마워요

코로나19 때문에 열 명 중 아홉은 화색이 돈다. 텅 비었던 동공이 반짝반짝 빛이 난다. 무엇을 할까, 하고 싶은 것이 많기도 하다. 놀잇감 사냥에 나선 아이의 걸음을 눈빛이 먼저 안내한다.

가르치는 아이들에게 코로나를 글감으로 글을 써 오라 했다. 그들이 내린 결론이 민망하여 눈을 마주할 수 없다. 수십만의 목숨을 앗아간 코로나가 고맙다니…. 듣기 싫은 잔소리를 속사포처럼 쏟아냈다. 아이들의 귀는 이미 닫혔는데 나의 가치관만 주입하는 중이다. "그래도 인류애로 마무리해야지." 아무리 아이들이라도 수십만 목숨을 잡아먹은 코로나를 고마워하다니, 듣는 것만으로도 민망했다.

그러나 아이들이기에 가능한 반응이지 싶다. "선생님, 할머니 같아요. 머리가…." "선생님, 한 달에 얼마 벌어요? 우리 때문에 무지 부자일 거 같아요." 낯 뜨거운 질문이 이어진다. "헤헤, 엄청 부자야." 처음엔 당황하여 얼굴을 붉히곤 하였지만, 이제는 태연하게 위기의 순간을 모면하곤 한다.

아이들은 솔직하다. 직설적이어서 일의 선후를 고민하지 않는다. 가져야 할 자세보다 보이는 대로 믿고 마음의 소리에 따라 반응한다. 날것 그대로를 보는 기분이다. 이래서 때로는 아이가 생각에 분칠한 어른의 스승이기도 한가 보다.

코로나 때문에 학교는 문을 닫았고 다니던 학원도 등원 여부를 선택할 수 있다. 걱정 많은 부모들은 모든 걸 끊고 집에만 머물게 한다. 아이들이 누릴 자유 시간이 수십 분에서 수 시간으로 늘어났다. 예전에는 같은 24시간이지만, 그들이 누릴 시간은 참으로 짧았다. 학교에 저당잡히고 학원 과제에 쫓겨, 하고 싶은 일은 고이 접어두기만 했다. 코로나 덕에 게임도 하고 친구들과 채팅도 원 없이 하게 되었다. 뒹굴뒹굴 맛난 간식을 먹으며 읽고 싶은 만화를 진종일 볼 수도 있다. 생각지도 않은 호사를 학생의 신분으로 누리게 된 거다. 따져보니 코로나가 고마울 수밖에 없겠구나 싶다.

아이들을 가까이서 보면 참으로 안타까울 때가 있다. 가르치던 그 아이의 일상도 그랬다. 하루가 얼마나 빡빡한지 단 30분의 시간도 맘대로 쓸 수 없다. 눈빛이 죽어가는 걸 느낀

순간 나의 고민은 시작되었다. 수업 시간에 몸만 있지 머리는 다른 곳을 여행 중일 때가 많아 보였다. 수업을 유지하는 것은 그도 나도 못할 일이라 판단하고 아이의 엄마에게 털어놓았다. 그러나 의외의 반응이다. 그저 잘 붙들어 달란다. 그냥 수업 시간만이라도 데리고 있어 달란다. 참으로 난감한 일이 아닐 수 없다.

중1이면 폭풍처럼 많은 생각이 밀려올 시기다. 급성장하는 신체도 적응하기 버거운데 머리는 또 얼마나 복잡한가. 아이의 일상에 당장 자신에게 필요한 처방은 하나도 없다. 나는 누구이고 무엇을 해야 하는지, 어딜 가고 있는지 들여다보아야 하는데, 그러려면 시간이 필요하다. 그러나 생각할 시간은 아예 없다. 일과가 끝나면 밀려오는 잠에 몸을 맡겨버리기 일쑤다. 어김없이 아침은 밝아오고 또 어제 같은 하루가 시작된다. 반복하여 같은 시간을 살고 나면 일 년은 순식간에 지나가 버린다.

생각하면 나아가지 못하고 한 곳에서 맴돌까 봐 두렵기도 하다. 부모도 자신도 바쁘게 달리는 세상에 보조를 맞추려면 도리 없는 일이라 자위한다. 생각을 줄이고 당분간은 이렇게 가는 수밖에. 불안하게 살았지만 아이는 다행히 위태로운 시기를 잘 견디고 상급학교에 진학하였다.

이 아이처럼 대개는 별 탈 없이 청소년기를 마치는데 그 중 몇몇은 진창이 되고 만다. 버티다 두 손을 들면 남는 건 아무것도 없다. 패배자란 낙인만 남아 벗어나려면 지나온 시간의 두 배는 투자해야 하는데 아득한 일이다. 길이 보일 때까지 숨죽여 살아야 하니 참으로 숨이 찰밖에.

가르치는 아이들 때문에 지나온 시간을 자주 돌아보게 된다. 내 아이를 기를 때는 욕심이 눈을 가려 아이의 감정 따윈 마음에 두지 않았다. 목표가 뚜렷했고 시간은 부족했다. 잠시도 곁눈질할 여가가 없었다. 어학에 재능이 많은 큰애는 유명 경시대회는 다 데리고 다녔다. 쓰기와 말하기 대회와 토익에 토플까지, 시험도 참 많이 보았다.

하루는 배가 아프다고 인상을 썼다. 아이의 고통은 안중에도 없고 대회의 중요성만 떠올랐다. 조금만 참고 병원에 가보자고 달래어 교실에 밀어 넣었다. 아이는 얼마나 많은 상처를 받았을까. 엄마가 괴물로 보이지 않았을까? 부끄럽고 미안하다. 지난 시절이 떠오르면 혼자 감상에 젖어 자주 수화기를 든다. 아이에게 이제라도 부족했노라 말하고 싶어서 혼자 안달이다.

아이들에게 온전히 시간을 내어준 코로나가 꿀처럼 달다는 솔직한 반응에 실망할 일이 아니다. 기성 가치관으로 분칠하지 말고 무엇보다 아이들의 오늘이 행복하길 살뜰히 챙길 일이다.

거리

좋으면 본능적으로 다가가게 마련이다. 못 보면 보고 싶고 만나면 만지고 싶다. 촉각은 없던 정(情)도 화수분처럼 샘솟게 하는 마력을 지녔다. 난 어릴 적부터 사람을 좋아했다. 형제가 많았지만, 일찌감치 떠나고 막내로 외롭게 자랐다. 집 떠난 언니와 오빠들이 오는 날에는 지레 들떠 발에 스프링을 단 것처럼 몸이 먼저 기뻐 날뛰었다. 함께 자고 한 상에서 밥을 먹으면서도 조금만 떨어져도 홀연 떠나버릴까 봐 애를 태웠다.

그렁그렁 눈물을 머금고 그저 바라만 보고 섰다. 떠나는 아들이 안타까운데 두 발은 바닥에 착 달라붙어 움직이지 않는다. 과거 잘못 선택한 일로 곤경에 빠진 한 엄마가 양심선언을 할 참인데 상처 입을 아들이 걱정되어 외국으로 내보내는 영화의 장면이다.

그녀의 성격은 늘 이랬다. 얼마나 큰 사랑이기에 웬만한 일에는 꿈쩍 않는다. 법관의 위엄은 차가운 이성으로 발현된다고 믿는가. 법관이라는 필터를 거치고 나오느라 그녀의 모성애는 늘 남보다 한발 늦다. 맞닿는 순간 서로가 안타까워 가슴은 두 배로 용솟음칠 터인데, 곁에 있다면 서로의 체온을 나누게 해주고 싶다. 그러나 아들도 익숙한지 서운한 기색이 없다. 펄펄 뛰는 가슴을 잠재우고 우아하게 사느라 얼마나 힘이 들었을까. 아들을 향한 절절한 가슴이 바라보는 이들을 더욱 안타깝게 한다.

아들과 둘밖에 없는 세상이라도 저리 감정을 가두고 살았을까. 사회인이 되면서 효과와 이미지에 고민이 많았을 테고 차가운 이성을 키워, 그녀만의 세련되고 영리한 성격을 만들어왔을 터다. 세월이 가면서 잘못 접어든 길임을 실감하였을 테고 뒤늦은 후회로 이어졌지만 돌아가기에는 너무 멀리 와 있었을 테다.

가슴이 시키는 대로 행동해도 거리낄 것 없던 시절이 지나고 나니, 나도 그녀처럼 적당한 거리에 대해 생각이 많아졌다. 본능이 외면당하는 세상이 있음을 알았다. 드러내기보다 마음과 다르게 굴어야 이익이 되는 세상, 좋아도 적당한 거리에서 바라볼 줄 아는 인내가 필요함도 알았다. 마음껏 내보이지 못하는 뜨거운 가슴이 무진 답답했으나 마음 한편에 쌓이는 공허는 스스로 달래야 했다.

그런 태도가 습관이 되어 언제부턴가 팔짱을 끼려는 사람이 낯설기 시작했다. 손이라도 잡게 되면 전해오는 상대의 온기가 부담스러워 어찌할 바를 몰랐다. 그래도 굳이 다가오는 사람이 싫지 않은데 아직도 어색하여 자꾸 먼 산을 바라보곤 한다.

어느 날, 예비 사돈을 만났다. 상견례라고 하기는 격식을 배제한 가벼운 만남이다. 그래도 머리가 지진 난 듯 어지럽다. 할 말과 하지 말아야 할 말을 고르느라 비지땀이 난다. 식사하고 커피숍으로 자리를 옮기는데 예비 안사돈이 빠른 걸음으로 다가오더니 주저 없이 팔짱을 낀다. 얼굴을 바짝 대고 두런두런 말을 건다. 남편은 허둥대는 나를 자꾸만 곁눈질이다. 흐뭇해하는 표정을 감추지 못하는 걸 보면 좋아 보이는 모양이다. 어느새 남편의 잰걸음이 뒷짐을 지고 느긋해졌다.

나도 어색했지만 싫지 않다. 그녀가 바짝 다가선 거리만큼 마음의 거리도 가까워진 것 같다. 몸 이곳저곳에 끼어든 긴장이 스르르 풀리는 기분마저 든다. 선뜻 다가온 정을 나도 모르게 붙들고 싶었는지 팔짱 낀 팔에 은근히 힘이 가해졌다.

동양인은 마음을 표현하는 데 서툴다. 아니 본질을 보려고

하기보다 형식에 더 민감하다. 마음은 있으나 드러내면 노골적이다, 품위 없다 치부하는 문화가 쓸데없이 적당한 거리를 두게 한다. 그래서 무난한 관계기술로 불가근불가원을 꼽는지도 모르겠다. 너무 다가가도 그렇고 너무 멀어져도 안 된다는 말이다. 얼핏 보면 손해 보지 않을 것 같아 딱 저거다 싶다. 그러나 희멀건 떡볶이를 먹는 것처럼 밍밍한 이 기분은 뭔가. 속이 화끈거려도 매콤짭짤한 떡볶이가 그리울 때는 어쩌란 말인가.

　서양인은 자유로이 마음을 드러낸다. 거침없이 살을 비비는 것만 봐도 직설적이다. 분명하고 저돌적이어서 이것일까 저것일까 고민하지 않는다. 단순한 것이 아름다운 그들이다.

　결혼 전에 아무리 싸워도 각방은 안 된다고 선배로부터 여러 번 조언을 들었다. 몸이 멀어지면 마음은 더 빨리 더 멀리 달아난다는 것이다. 살아보니 정말 그런 것 같다. 구름 낀 날일수록 팔이든 다리든 남편 몸에 걸쳐야 잠이 온다. 마누라 심기가 불편해 보이는 날엔 그이도 여느 때보다 바투 다가와 눕는다. 다음 날이면 응어리가 흐물흐물 풀어지는 걸 보면 맞닿은 살이 다친 마음을 치료한 게 맞지 싶다.

　예고 없이 등장한 불청객 코로나가 사람 사이 거리를 위협하고 있다. 살 비비고 살던 일상을 바꾸고 있다. 사람 몸에 기생하는 그것이 사람 사이를 이간질하는 현장이다. 마스크로 호흡기는 다 가리고도 지나는 사람이 두려워 담벼락으로 바짝 붙는다. 어쩌다 마스크를 끼지 않은 사람을 만나면 가던 길을 되돌리기 일쑤다. 하루에도 몇 번씩 마주치던 이웃도 두려운 존재가 되었다. 먼저 탄 사람의 체온이 남아 있는 승강기가 꺼림칙하고 인적을 피해 다니는 지혜를 배워야 하는 웃지 못할 세상이 되어버렸다.

더 이상 코로나19가 사람 사이 거리를 마음대로 조종하게 내버려둘 수 없다. 세계가 유례없는 침입자의 거친 공격에 아수라장이 되고 있지만 한편에서는 극복의 시나리오도 끊임없이 쓰고 있다. 오늘도 반가운 소식이다. 세계가 연합하여 백신 개발에 혼신하고 있는데 일단 치료제는 공인받은 듯하다. 좀 더 기다리면 백신도 개발되어 더 이상 코로나의 위협에 속수무책으로 당하지는 않을 것이다.

우리는 조급하되 느긋하게 기다리며, 만지지 못하면 목소리로라도 서로의 체온을 나눌 일이다. 손을 맞잡은 듯 나누는 그와의 일상은 더 큰 사랑을 선물할 것이다.